产业互联网时代

新技术如何赋能企业数字化转型

颜艳春
著

中国友谊出版公司

目 录

推荐序

互联网下半场：释放产业互联网的力量

我与老颜相识于2017年的一次头脑风暴，惊叹于老颜对日本7-11的认知之深刻，更对老颜提出的“赋能型产业共同体”理念心有戚戚，我当即邀请老颜加入盛景，打造研究驱动的赋能型投资机构。老颜爽快应允，出任盛景新经济+X研究院院长，在过去4年中我们并肩作战，深入开展产业互联网的研究和投资实践。

因盛景在中国、美国、以色列布局了120多亿元母基金的投资，我们观察到美国2B投资多年来一直占据半壁江山，而5年前中国风险投资主战场还是2C的消费互联网，2B投资仅占10%，当时我们就坚信中国未来最为确定性的赛道就是2B方向，因为各个行业都有“提效降本”的刚性需求与巨大机会。

2017年，阿里前总参谋长曾鸣教授提出了S2B2C新范式 。2018年，腾讯创始人马化腾提出腾讯未来20年重大战略之一是“产业互联网战略”。这令我们颇受鼓舞与启发。

老颜是一位富有前瞻性的战略思想家，早在2016年就提出了“产业路由器理论模型：通过打造整体产业链的成本型或效率型的价值洼地，团结整个产业链下游大量闲置的、碎片化的需求和私域流量（小b，如小溪、小河）汇聚到产业大坝（如三峡大坝），与产业链的上游、中游等大量过剩的头部供给（小f），进行实时连接、智能配对，重构产业”。这正是产业路由器的三大使命：完成实时连接、智能配对和深挖价值洼地。

产业路由器是产业互联网的重要抓手，从B2C、C2C电商模式到产业路由器模式，产业互联网将引爆第三次产业革命。未来产业互联网最重要的商业模式可能不仅是S2B2C，而是基于需求驱动的交易路由器、交付路由器、金融路由器和流量路由器等4大超级枢纽的产业路由器模式。

老颜通过深入研究7-11的商业模式，提出了产业发展的新格局是产业共同体。“产业路由器+X”，正是大规模重构每一个万亿规模传统产业的利器。未来，我们不再是在全产业链的每一个节点都自己干的单打独斗，而是要开始走向一个更加开放、更加开源的产业共同体时代，团结一切可以团结的力量，从利益共同体共同迈向命运共同体。

老颜提出的“云生钱”模式，即指不再依靠人海战术驱动的传统商业模式，而是转为机海战术驱动的云服务模式。现在是靠机器挣钱的时代。在每一个垂直产业中，SaaS（软件即服务）仅仅只是拿到了产业互联网的门票，在这之后还需要深入产业腹地，从SaaS到XaaS（一切皆服务），提供诸如金融服务、交易服务、履约服务、应用软件商店等更多的数字基础设施和为开放而生的公共云中台服务。而云中台更是产业路由器的标配，成为产业共同体的数字基础设施。无论是数据中台还是业务中台，都是产业共同体的超级枢纽，是每个产业互联网的重要节点。

毫无疑问，实用性是一切商业经管图书的内核与灵魂。老颜早年创办的“富基控股”是中国第一家在美国NASDAQ上市的软件公司，曾为宝洁、百事可乐等世界消费品牌、中国零售百强和主流电商平台（如天猫超市、京东物流等）搭建底层IT系统与架构。因此，老颜作为一位有企业家背景的思想者，其思考和理论都与企业创新创业实践紧密相关，而且一直处于新经济研究的最前沿。

商业理论必须是深深扎根于实践的方法论，而不仅仅是一个自我陶醉的概念，我和老颜决定躬身入局，寻找具有赋能型产业共同体潜力的新经济公司进行直投和赋能，在实践中检验和打磨产业路由器模型。

按图索骥，2018年年初我们投资了“中国新农村第一个产业路由器平台”汇通达，之后汇通达获得了阿里巴巴45亿元的巨额投资。汇通达连接和赋能了13万家新农村的夫妻店，这些小b是新农村商业的神经末梢，看似微小，实则极具活力，连接了上亿的新农村消费者。汇通达正在成长为新农村消费的基础设施。

知之愈明，而行之愈笃。产业路由器模型不仅指导着我们的投资行为，成为赋能被投企业的抓手，甚至也是我们投资退出的重要决策标准。我们坚持长期主义，在已获得非常高倍数投资收益的情况下，不选择清仓获利来了结，而是选择依然长期持有和陪跑赋能国联迈向千亿市值之路。

最深层次的研究就是践行。盛景母基金是产业路由器模式的坚定实践者，致力于将政府引导基金、高净值企业家群体等资金端供给与中国、美国、以色列顶尖风险投资机构（VC）的专业投资能力进行高效连接。透过这些顶尖VC，盛景投资组合已涌现150多家上市公司，覆盖了贝壳找房、微盟、兴盛优选、满帮等产业互联网明星企业，这些企业亦都成为我们产业互联网研究中极为重要的标杆案例。

中国居住服务行业背后是2亿套存量住房，20万亿元GMV（商品交易额）市场规模，200多万名经纪人。从链家的传统连锁模式到贝壳找房的产业路由器模式，不到3年时间，贝壳打造了一个3.5万亿元GMV规模的居住服务行业产业共同体，2021年其市值近600亿美元。贝壳已经团结了近300家房产经纪品牌公司，合作门店数量接近5万家，经纪人接近50万名。贝壳通过产业路由器商业模式的创新，重构了房产居住行业的产业链，建立了中国最大的经纪合作网络，进行了诸多的创新和价值创造，实现跨品牌、门店跨经纪人的协作共享机制，大幅提升了经纪行业的交易效率。

下一个10年，所有行业都值得用产业路由器重新做一遍。世上万物都需要彼此共存，相互成长。在产业互联网时代，人才战争往往决定终局决战后的输赢。只有产业“老炮”、互联网专家和“新鲜血液”这三方面的人才走到一起，才有可能开创崭新的未来。

本书出版前，我和老颜正好商议发起了“产业互联网研习社”，携手更多顶尖投资机构和产业集团，从而帮扶和赋能产业互联网创业者。在这里，大家不仅能真刀真枪地实践产业互联网的理论与模型，还能够通过相互赋能、相互启发共建各行各业的产业共同体。

商业向善，利他为魂。在产业互联网时代，在许多行业都将涌现共生利他的赋能型产业共同体，这可能是每个产业数字化转型和“大众创业”的国家级解决方案。产业互联网时代，注入利他灵魂的新商业文明将重构约100万亿元GDP（国内生产总值），将让各行各业百万计小b和小f，从衰落走向复兴，减少商业“内卷”，促进经济发展。

2020年，中国GDP首次超过100万亿元，其中有39.2万亿元来自数字经济体，占比38.6%。接下来的15年，当国家GDP的70%都来自数字经济的时候，我们要开始思考：我们的企业也能实现数字化生存吗？如何成功完成这次浩浩荡荡的数字大迁徙？我们是谁？要走向哪里？与谁同行？

《产业互联网时代》的出版正逢其时，也许能帮你厘清思路，找到有关答案。

盛景网联集团、盛景嘉成母基金董事长　彭志强

序

未来从不迟到

冰河之下，水流不止。黑暗深处，藏着人们对未来的深深向往。黑暗里看到的光，可能是最明亮的；光明里看见的光，有时却是最灰暗的。

企业家们陷入“黑天鹅”的困境中，脚下的旧大陆已经瓦解，一场迈向新大陆的大规模迁徙就在眼前。

新冠肺炎的威胁

2020年4月4日4时32分，大地在沉睡，风儿在哀鸣。约翰斯·霍普金斯大学公布了一组数据：新冠病毒全球感染者已突破百万，夺去了58382条人类的生命。

这一天刚好是中国的清明节，北京天安门广场的国旗升起后又降下了半旗。早上10时，全国各地的防空警报在寂静深处鸣响，汽车、火车和舰船在哀痛的鸣笛声中缓缓移动，全国14亿人民默哀3分钟，共同深切哀悼在这次新冠肺炎疫情中不幸逝世的同胞。在这个悲伤的时刻，我和太太从家里出发，穿过一条昏暗的小路，走上从前手挽着手漫步的大街，但如今，街上行人稀落，我看不到任何城市的烟火气，城市失去了它应有的喧嚣。

回到家里，我独自一人坐在二楼的书房，熹微的阳光无声地穿透白色窗帘，亲吻着书架上的书籍，也投射在地板上。我不由自主地沉浸在莫名的孤独和深深的悲伤之中，脑子里挤满了新冠病毒幽灵般的幻象和城市摧残后的败象，我仿佛听到了孩子、女人和男人们凄凉的哭声，他们可能永久地失去了自己最亲爱的父母或人生伴侣，这些哭声刺痛了我。

后疫情时代，我相信每个人都将拥有自己的新生活。从前和家人在一起度过的快乐的日子，走过的熟悉的街道和美丽的风景，又回到脑海里。突然，我的心里一股清流滑过，我仿佛听到了太阳牵动向日葵的号角声，它们在我的脑海奏响。我闭上眼睛，拉上窗帘，双脚站在黑暗的边缘，想念着太平洋对岸还在读书的女儿，心里渐渐温暖起来。

从天花到鼠疫，再到一代代变异的流感，这次疫情是继西班牙流感之后人类面临的最严重的一次疫情。疫情的巨大破坏力在不断地提醒我们，人类的文明处在相当脆弱的阶段。用比尔·盖茨的话来说，在下一次疫情到来之前，人类仍没有做好准备。越是全球化连接紧密的地区，疫情造成的破坏也越大，也因此，此次新冠肺炎疫情造成的影响反映出世界的紧密程度越来越高。

公元6世纪，在地中海爆发了人类史上的第一次鼠疫，这次鼠疫肆虐了半个世纪，导致约1/4罗马人死亡，东罗马帝国逐渐衰落。中世纪的黑死病造成全世界7500万人口死亡，加速了欧洲的文艺复兴。欧洲人登陆美洲后，带去了腮腺炎、麻疹、天花和霍乱等疾病，对当地的印第安人来说，这几乎是灭顶之灾。

2020年，新冠肺炎疫情席卷全球，对全球的制造业、农业、交通运输、旅游、休闲和服务业等产生了巨大而深远的影响。《纽约时报》报道，2020年，美国新冠肺炎疫情死亡的人数已经超过了二战时期美军阵亡的总人数。联合国世界旅游组织的数据显示，2020年前8个月，国际游客数量下降了70%。[①]国际货币基金组织预测，到2021年年底，全球经济与往年相比仍将损失12万亿美元，甚至更多。仅就全球GDP损失而言，这是自第二次世界大战结束以来最严重的一次经济衰退，而若按全球GDP计算，新冠肺炎疫情造成的经济损失是2008年全球经济危机的两倍。

2020年9月，全球防范监测委员会在《混乱的世界》报告中，对全球新冠肺炎疫情应对措施进行了尖锐批评："人类'未能认真对待大流行病的预防、准备和应对'，是一种'集体失败'。"报告认为，困难重重的多边合作是当前全球面临的最大挑战之一，削弱和破坏多边行动将会对全球卫生安全造成严重的影响，并呼吁各国领导人重申对多边体系的承诺，巩固世卫组织作为一个公正和独立的国际组织的地位。

得益于中国早期有效的网格化隔离措施和强有力的疫情防控工作，中国经济以快于预期的速度实现基本全面复苏，中国可能会成为在疫情期间全球唯一实现经济正增长的主要经济体。世界银行发布的《东亚与太平洋地区经济半年报：从遏制疫情走向复苏》报告预计，2020年东

① 数据来源：https://baijiahao.baidu.com/s?id=1681852797910105282&wfr=spider&for=pc

亚与太平洋地区的经济增长率为0.9%，为1967年以来最低的增长率，其中，中国的经济增长率将达到2%，除中国以外的其他发展中经济体增长率为-4.8%，中国2021年增速将加快至7.9%。

饿死还是迁徙

小时候，中央电视台播出的《动物世界》节目中最令我震撼的是自然界动物的大迁徙。是什么原因促使它们长途跋涉移动数千里？它们是如何做到精准导航的？它们又如何在持续数月的迁徙中存活下来？本·霍尔先生在《大迁徙：地球上最伟大的生命旅程》一书中给我们展开了丰富多彩的画卷：从微小的磷虾到巨大的座头鲸，从惊慌的旅鼠到温和的驯鹿，从瘦小的北极燕鸥到东非大草原的角马……地球上大大小小不同的物种，都会在一年中某个特定的时间段，根据天气和食物来决定迁徙方向，展开一场浩浩荡荡的大规模迁徙之旅和精彩纷呈的生命冒险。

新冠肺炎疫情在加速传统实体企业和传统电商等旧经济的衰落，过去成功的商业逻辑或已过气，是等死还是迁徙，这是莎士比亚式的世纪难题。

回首昨日的世界，大批的成功企业正在慢慢消失。曾经风光一时的诺基亚手机（Nokia）、凯马特（Kmart）、鲍德斯书店（Borders）、电路城公司（Circuit City）、西尔斯百货（Sears and Roebuck），恐怕人们早就遗忘了在它们。从大型企业到中小企业，从美国企业到中国企业，从欧洲企业到非洲企业，很多企业在疫情中已经倒闭，不少企业仍然在生死线上挣扎。

我们借口自己碰到了一个倒霉的坏时代，我们痛骂自己所在的行业被“野蛮人”颠覆；我们还在没有活力的金字塔组织框架和失去增长动能的旧商业模式下，按照古典经济学教科书中的原理思考如何提升毛利率，如何降低成本，如何提升员工战斗力。但是，战术上的勤奋只能让我们做出局部的精良管理，却没有办法掩盖我们战略视野上的无知和原有商业模式的缓慢失效。

让我们一起来看看非洲大草原发生的故事。

刚出生不久的非洲小象必须经受大自然残酷的考验，很多跟不上队伍的弱象，最终被大自然无情淘汰；猫鼬是非洲草原上的群居动物，如果食物耗尽，猫鼬群甚至可以一年迁移多次；驼鹿在每年春天都要离开亚北极地区的森林和草原，沿着几百年不变的路线，日夜兼程地往北进发。

旱季来临时，大约140万只角马、20万只斑马、30万只汤姆森瞪羚和3万只格兰特瞪羚等，共有200多万动物大军浩浩荡荡穿越东非塞伦盖蒂大草原，开始展开一场生命的迁徙。

这支迁徙大军配合默契，在迁徙过程中，通常有约20万只斑马打头阵，是军团的开路前锋，善于咀嚼草茎顶部；约140万只角马是最令人瞩目的主力军；约33万只瞪羚殿后。因为，斑马最喜欢吃高层的新草，角马则喜欢吃中层的嫩草，而角马离开后，草地上刚长出的嫩草，正是瞪羚们期待已久的美味。这三路大军也反映了在大迁移时代，每一种动物的不同反应和行动的快慢。

疫情的影响还在发酵，中国重新占据全球经济中心的地位。人类正处于冰河期的大迁徙，一个新的周期正在降临，老生态如贵族般沉沦，新生态则野蛮崛起，直至新繁荣的开幕。这个现象，正寓意今天在新冠肺炎疫情的“黑天鹅”事件发生以后，企业家们面对生死考验，必须立即行动，必须做出选择。

在电影《冰川时代》中也有这样一个场景：当巨大的天然冰山融化，大片的冰川轰然倒塌，融化的雪水即将淹没家园，此时动物不得不开始大规模的迁徙。2020年新冠肺炎疫情在全球疯狂肆虐，世界各国人民和中国人民相继进入孤独的举国隔离状态，数十亿人就像冰河期结束后的动物大军们，迎来了新冰川时代的数字大迁徙。他们备受煎熬，成群结队快速涌进各种社交平台、直播间，在诸如京东、拼多多、抖音、快手等平台开始数字化生活。2020年是人类互联网历史上的分水岭，互联网从中国三大互联网公司百度、阿里巴巴、腾讯的图文流量时代向抖音、快手等的影像流量时代大规模迁徙，短视频和直播间流量成为下一片肥沃的土地。

“信息的DNA”正在迅速取代原子而成为人类生活中的基本交换物，美国麻省理工学院教授尼葛洛庞蒂先生于1996年在其著作《数字化生存》中畅想的人类数字化生活，在2020年，完美地实现了。这次疫情，不仅加速了人类阔步迈入数字化生活方式，也加速了所有企业、政府、军队等组织的数字化转型。全球化2.0时代到来了，所有产业、所有国家正面临一次千年不遇的数字化重构。

人类历史上已经经历了贸易战争、经济战争、科技战争、地缘政治战争、资本战争和军事战争，接下来的最大战争是数字战争。我国率先推出了数字经济七大新基建，在未来5年将有40多万亿元投入5G、工业互联网、数据中心、产业互联网、产业链数字化、万物在线等数字新基建领域，5G催生着消费互联网与产业互联网的融合，使每一个行业都在走向融合。

所有的实体经济体和电商经济体的终极命运是什么？都必须成为“数字移民共和国”。无论是老牌企业，还是后起之秀，从图文电商、社交电商到直播电商，他们一代又一代，前赴后继，不断加速人类向数字新大陆迁徙，建立起了一个又一个人口过亿的“数字移民共和国”。这些数字经济体，不断冲破时空的限制，跨越国境线，席卷整个世界。

新零售2.0的核心已经不再仅仅是经营货，而是经营人。全渠道经营货，处处是敌人；全场景经营人，处处是朋友。

下一个10年，我们身处数字战争时代，这是一场争夺数字移民的战争，而战争的枪声已经打响！

泰坦尼克困境

我们好不容易赶上了一个大好时代，坐上了泰坦尼克号。我们从最低等的船舱开始打拼，历尽千辛进入了头等舱。头天晚上，我们还在举杯相庆，但第二天早晨一觉醒来，打开窗户一看，前方竟是冰山。也许在途中，我们有无数次机会可以跳到快艇上逃生，但我们过于依赖成功路径，直到遇见冰山想掉头的时候才发现为时已晚。今天，全球的企业家都面临着“泰坦尼克困境”。

与过去相比，更关键的是未来。特别是在创业的过程中，也许当团队中所有人都感到绝望的时刻，也是希望出现的时刻。残疾运动员艾米·珀迪曾在演讲中说："面对逆境，你可以选择被困在原地，也可以选择突破逆境。舒适区也一样，是否突破它，都是自己的选择。"诺基亚前CEO约玛·奥利拉在回忆录中坦言，诺基亚在鼎盛时不愿调整战略，内部官僚作风盛行，忽视竞争对手的创新与市场需求。这也许是诺基亚逐渐被市场淘汰的重要原因。

企业需要转型，还是企业家本身需要转型？这是一个非常重要的问题。如果一个企业家的思维不转型，我相信他的企业基本没有转型成功的可能。

约玛·奥利拉还说过："我们并没有做错什么，但不知道为什么，我们输了。"当诺基亚公司控制全球手机市场40%的份额时，没有人能想到这样一家大型公司会走向没落。诺基亚公司的员工每天都在研究战略，每个季度都在做战略复盘、演习。难道他们没看到互联网吗？他们早就看到了。

诺基亚公司的市值最高曾达到1400亿美元，但最后只将手机业务以72亿美元的价格卖给了微软。在出售手机业务的前一年，它还在疯狂发展，曾以81亿美元的价格收购了一家名为NAVTEQ的地图公司（截至2007年被收购，NAVTEQ还是全球地理数据提供商的行业龙头）。

这期间只经历了不到一年的时间。但是，微软并未能拯救诺基亚的手机业务。直至今日，微软手机的市场份额仍不乐观。

诺基亚和微软都没能站在新的赛道上。因此，企业的转型是非常重要的。

我们可以对比另一种生物：蚂蚁。蚂蚁在地球上有上亿年的生存经验，当它们发现新的适宜居住的环境时，会群起而动。然而，当食物源即将被开采殆尽时，绝大多数的蚂蚁都不会意识到它们即将面临生存的绝境。生物学家很好奇：为什么这个物种没有灭绝？

经过科学家的研究发现，蚁群中总是有几只蚂蚁不跟着集体行动，它们在寻找新的生存资源。这一小群蚂蚁改变了整个物种的命运，令其得以生存至今。

今天，当我们的"旧金矿"即将被采集殆尽，当我们的目标还在瞄准竞争对手，当我们还在泰坦尼克号上争夺头等舱的时候……有没有人想过，我们畅谈的那些成功经验其实已经成了历史？

如果船翻了，坐到头等舱又有什么用呢？

前言

人类的未来到底是什么？这个问题像导火索一样追迫着我。

一

2020年，新冠肺炎的阴影笼罩大地，它犹如一个恶魔，不仅夺走了人类上百万鲜活的生命，引发全球恐慌，而且引发了剧烈的金融动荡，世界各国经济相继进入停摆的状态，全球迎来了至暗时刻。

汹涌而至的疫情及其所带来的动荡局面在无情地吞噬人类的生命。疫情何时结束？中美之间地缘政治的较量在加大这两个世界最大经济体脱钩的风险，去全球化的浪潮此起彼伏，全球产业链在新的世界格局中开始新一轮的重构。全球化是否将会进入冰河期？全球经济会进入短暂的衰退期还是长期的大萧条？

面临当前百年不遇的大变局，每个企业的命运却迥然不同：有的在创业的寒冬中平静地“死”去，有的在转型的困局中看不到希望，有的在中美贸易摩擦的拉锯战中煎熬。旧世界的“丧钟”已经敲响，旧经济的地位正在不断地被新经济取代，全球步入线性增长的困境。旧经济的红利已经消失，高歌猛进的增长时代已经结束。

世界进入一场没有硝烟的“根”战争，而中国和美国从商业意识到商业技术，再到军事和外交，各方面的博弈都处于胶着的状态，未来必将影响全球化的进程。全球化2.0时代，所有产业、国家正面临一次千年难遇的数字化重构。人类在历史上已经经历了贸易战争、经济战争、科技战争、地缘政治战争、资本战争和军事战争，接下来的战争将会是数字战争。国家与国家的战争已经不再停留在征服土地和海洋的阶段，而是要征服更多的数字移民。

“根”战争

2018年以来，特朗普政府发起的贸易战引发中美贸易摩擦。美国政府在全球封杀华为，甚至要求TikTok（字节跳动旗下短视频社交平台）剥离在美国运营的所有权益。

美国在发动一场“根”战争。从操作系统到数据库再到芯片，这场战争是从最底层开始的。半导体是万物互联的基石，它不仅仅关系着5G通信产品，还涉及产业互联网、人工智能、互联网、智能工厂、生物科技等核心基础产业。随着世界各国在未来3年陆续开通商用5G通信，再加上自动驾驶汽车、人工智能、物联网（IoT）等产业的快速发展，半导体市场将进入超级繁荣期。世界半导体贸易统计组织（WSTS）预计，在2021年，全球半导体市场规模将同比增长8.4%，达到4694亿美元，创历史新高。半导体是衡量一个国家科技发展水平乃至综合国力的关键指标，它已经成为大国博弈的主战场。未来，整个供应链的安全将会是国家安全的一部分，所以这些被美国人“卡住脖子”的行业，我们都要去攻坚，都要啃下一块块硬骨头。

货币战争

未来的货币战争可能不是靠人民币去打败美元。未来要实现去美元化，我们要面临的是信用货币的大革命。2020年8月，中国也启动了数字货币DCEP（Digital Currency Electronic Payment）的试点工作。今天我们看到，包括伊朗、沙特、土耳其等在内的国家也开始建立自己的世界货币体系，一些企业，比如Facebook（脸书）也正在引导信用货币大革命。Facebook依靠背后27亿用户和全球100多个超级节点，想要将银行和结算服务连接起来，但是这项提议最终没有获得美国政府的批准。如果真的得到了批准，那Facebook就很有可能在全球范围内形成一个高度数字化的经济体。

据此，在中国“一带一路”倡议的推动下，未来，我们可以依托“一带一路”沿线的国家和地区打造一个获得全球认可的零关税区和数字货币体系，这将造就一个横跨欧亚非大陆的全球最大经济共同体。

人才战争

人才战争是下一个争夺红利的机会。从中美贸易产生摩擦以来，特朗普政府的做派日趋保守，美国在国际交流合作方面的态度也日渐消极，我们要借此机会，把全世界的优秀人才吸引到中国。对于美国的种种做法，我们一定要采取相对应的措施：它越封闭，我们就要越开放；它越爱撒谎，我们就越要真诚；它越想关闭互联网，我们就越要开放互联网；它越不讲规则，我们越要以理服人。

二

哥伦布在出发前把航行地图弄丢了，却打开了人类的新未来——人类迎来了浩浩荡荡的大航海时代。而如今，战场已经出现了新局面，我们的思维却还停留在昨天，沿着旧地图，是找不到新大陆的。

世界经济发展史，在过去300多年里，一直是一部波澜壮阔、跌宕起伏的历史，一代又一代企业家闪亮登场，然后又湮灭在历史的长河中。时代在抛弃旧式的成功路径，商业模式被不断地颠覆，世界经济动荡不安，我们该如何走出至暗时刻?

企业家的命运，总是前途未卜。CEO（首席执行官）们把注意力和资源不成比例地进行分配，大力投资于短期市场，一旦新的未来信号出现，他们往往被蒙在鼓里或完全跟不上时代的趋势。变革可能意味着死亡，但同时，变革也意味着重生。

站在历史的高山上，遥看世界风云，任岁月悠悠流动。面对波诡云谲的时代激流，我们还没有做好准备，但未来从不迟到。当我们在思考未来对我们到底意味着什么时，很多我们还不理解的事物已经在快速地涌现、发生着。

山丘上每一个看似不高的台阶，都是通往更高峰的必经之路。在激烈的市场竞争中，任何企业都面临着优胜劣汰、生死存亡的局面。没有一帆风顺的企业。在企业发展的航线上，人们常常看到一艘又一艘陷于危难的船只，届时，只有船长及时调整航线和航速，采用正确的策略，才能让企业脱离险境。

如图0-1所示，对每个企业而言，“收入增长”“用户增长”和“增长道具”是增长的3个关键飞轮。要让“用户增长”这个飞轮高速转动，我们就需要抓住时代红利，不断寻找与时俱进的增长道具，从1.0到2.0、3.0……10.0快速迭代，让“增长道具”这个飞轮持续地转动起来，带动“用户增长”，进而带动“收入增长”。收入增长了，我们就能够不断投资更有效的增长道具，形成增强回路。

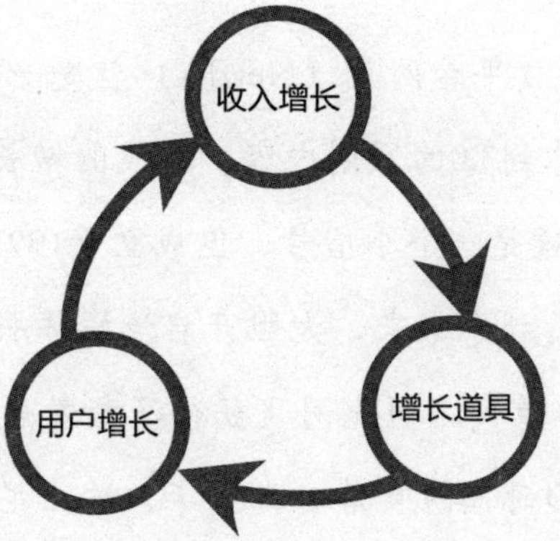

图0-1　增长飞轮的三大关键飞轮

从阿里巴巴、京东、拼多多、美团到字节跳动、快手等数字经济体，它们的发展历史就像一部史诗。淘宝天猫、蚂蚁金服和阿里云构成了阿里巴巴的增长道具，美团从外卖、酒店旅游到社区团购，字节跳动从今日头条到抖音，再到直播电商，都是这个发展模型，很像坦克履带的传动，持续有度。

第二曲线

如今，大部分企业正处于转型期，增长放缓。寻找下一个增长曲线，成为企业家的终身使命。

正如《第二曲线》作者查尔斯•汉迪所言，人人都知道第二曲线很重要，但是有一个关键要点：第二曲线必须在第一曲线到达巅峰之前就要开始，以弥补第二曲线投入初期金钱、时间和精力等资源的消耗，实现企业永续增长的愿景。

美国的流媒体播放平台网飞（Netflix）就是一个典型的例子。从1.0的DVD到2.0的流媒体到3.0的原创内容，网飞的增长道具不断与时俱进。2007年iPhone问世，这是一个小信号，但成立于1997年的网飞的创始人里德•哈斯廷斯先生却看到了未来，大胆开启流媒体服务，这是一个能够带来10倍速用户增长的道具。由此网飞获得了指数般的第二增长曲线，越过第一增长曲线DVD时代的衰落。2013年，迪士尼和索尼将很多原版电影下架，迫使网飞开始拍摄原创内容，比如最著名的《纸牌屋》《女子监狱》等，从此开辟了原创内容的第三增长曲线。截至2020年年底，网飞全球付费用户已经超过2亿，公司市值超过2000多亿美元，获得了巨大的成功。

三

产业互联网是一个时代的洪流，不是一朵浪花。

互联网的上半场是消费互联网，是原生的互联网经济，是互联网英雄们的独舞，流量为王的时代正在结束，但SoLoMoMe[①]消费者流量拼图并不完整，互联网大厂之间的数字“柏林墙”依然林立，消费互联网时代就要落幕。

互联网的下半场是产业互联网，是产业的数字化经济，是产业“老炮”们的主场，他们正在成为新主角。互联网的下半场已经深入产业的腹地，产业互联网时代已经到来。

今天，我们幸运地踩到了新周期的起点，这是百年难遇的大机会，5G＋物联网＋ABCD（AI人工智能、Blockchain区块链、Cloud云计算和Data大数据）等多种新技术交织碰撞在一起，将要发生一次技术大爆炸。大爆炸之后的世界是什么样子？我们谁也不知道，但有一点是肯定的，ABCD正在加速改变整个世界，一切产业数字化，一切数字产业化，每一个行业都将走向融合，特别是它们将加速消费互联网和产业互联网的深度融合，加速每一个产业的迭代，引爆第三次产业革命。如果说AI是继蒸汽机、电气之后的第三次生产力的革命，给我们带来一个75亿人类和上千亿机器人和平共生的繁荣世界；那么区块链带来的币权制度将是继股权、期权后的第三次生产关系革命，股东、员工和用户一起创造价值，公平分钱，给我们带来一个崭新的用户资本主义的新经济制度。云计算是继传统“铁公机”、电网之后的第三次基础设施革命，大数据

① SoLoMo（索罗门）由social（社交）、local（本地化）、mobile（移动）三个单词的开头两个字母组成，连起来说就是“社交本地移动”，即社交加本地化加移动，它代表着未来互联网发展的趋势。

则是点燃第三次生产力和生产关系革命的火把，将成为数据银行流动性最强的资产，它将带来继土地、原材料之后的第三次生产资料革命，成为数字经济体的新燃料。

这是产业互联网的春天，在中国，在产业互联网时代，贝壳找房、汇通达、兴盛优选、十荟团、同城生活、SheIn、广联达、明源云、有赞、微盟、携程、大搜车、苏宁零售云、多点、全球蛙、美菜、今日人才、1药网、叮当快药、智云健康、山丘联康、国联股份、百布、震坤行、树根互联网、宋小菜等一大批新兴企业如雨后春笋般涌现。

产业路由器模式

2016年年初，我在为绪方知行先生《零售的本质》一书写序的过程中，翻阅了7-Eleven当年的财报，惊人地发现7-Eleven在日本的毛利率居然超过90%，人效比肩阿里巴巴。这超越了我们多年来对传统的便利店连锁公司商业模式的认知，它创造了一个不赚差价、不赚通道费、不赚交易佣金、不赚广告费的产业路由器平台模式，将2万多家夫妻老婆店碎片订单，每8个小时汇总一次，分发给170多个第三方工厂生产和150多个第三方物流中心共同配送。

产业路由器（如图0-2）指在需求端把大量闲置的、碎片化的用户资产整合起来，在供给端把大量闲置的供应资产整合起来，通过大数据和智能算法匹配供给端和需求端，促成闲置资产共享的一种产业合作模式。

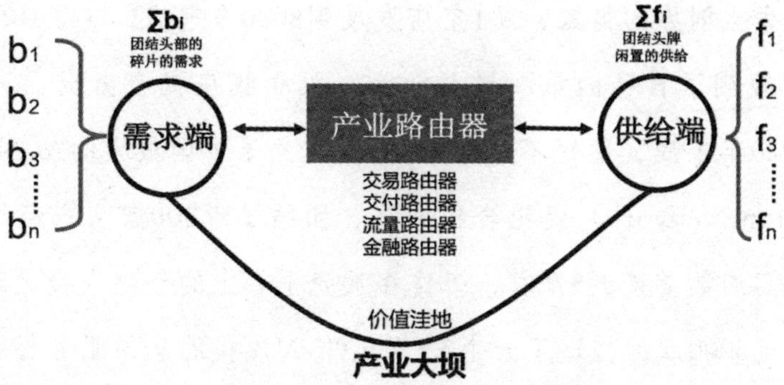

图 0-2　b2f 产业路由器[①] 模式

产业路由器，以提升一个行业的整体效率为使命，消灭产业链的一切浪费，借助ABCD新技术，通过实时连接产业链上游、中游和下游，收集每个节点的大数据，完成供需双方高效的智能配对。产业路由器是产业互联网的超级节点和关键枢纽，相较于经典的b2c电商模式，典型的产业路由器是b2f模式，通过共享大量闲置、碎片的户资产和相对头部的、闲置的供应资产，打造整体产业链的成本型或效率型的价值洼地，团结整个产业链下游大量闲置的、碎片化的需求和私域流量（小b，如小溪、小河）汇聚到产业大坝（如三峡大坝），与产业链的上游中游等大量过剩的头部供给（小f），进行实时连接、智能配对，重构整个产业链。

① 目前产业路由器的主流商业模式是b2f。b2f产业路由器有4种模式：交易路由器[b是交易需求方，f是工厂（factory）或农场（farm）]、交付路由器[b是订单需求方，f是订单履约方（fufillment）]、流量路由器[b是流量需求方，f是流量供给方（flow）]、金融路由器[b是资产方，f是资金方（finance）]。

左晖先生创办的链家，从1家店发展到8000多家店，花了18年。2018年，左晖找到了自己的第二增长曲线，贝壳找房横空出世，从2018年开始到2020年年底，短短不到3年时间，建立了中国最大的ACN（Agent Cooperation Network）经纪合作网络，团结了近300家房产经纪品牌公司，合作门店数量接近5万家，工作在贝壳平台上的经纪人接近50万人，月活用户近5000万，打造了一个3.5万亿GMV规模的居住服务行业产业共同体。贝壳的探索为我们跨界学习立下了标杆。对于每一个服务行业而言，想要提升人才周转率，提高人效，可以从研究贝壳开始。

在每一个行业，从单边到多边，从流量路由器、交易路由器、金融路由器到交付（或履约）路由器，产业路由器将成为产业互联网的关键节点和超级枢纽，若干种产业路由器连接起来将每个企业的线性供应链，进化为一张产业互联网，产业链条上的所有参与方实时连接在一起，共同为一个目标努力，就像一个产业的数字神经系统。

目前估值3000亿的快时尚巨头SheIn就是最好的写照。SheIn是一家业务遍及230个国家的跨境服装电商。2020年，SheIn营收近100亿美元，连续8年营收实现超过100%增长，销量近3亿件。

SheIn建立了快时尚行业最大的产业互联网平台。在流量端，充分借助KOL（关键意见领袖）、KOC（关键消费者）网红经济，将Youtube、Facebook、Twitter等互联网巨头的公域流量私有化，目前SheIn独立站注册用户1.2亿，年活跃用户逾2000万。

在供给端，传统时尚产业按季节开发服装，一件衣服从设计到上架需要3个月。而SheIn从打样到生产的平均流程为7天。为了建立这种小单快反的能力，SheIn开发了一个高效的超级供应链枢纽和分布式制造工厂，仅在番禺产区就发展了300多家核心服装厂供应商，全部供应商超过2000家，最小生产订单100单即可生产。

SheIn的创始人许仰天先生，还开发了快时尚界一个类似抖音的算法，他们打造了一个快时尚的产业路由器，就像一个流行时尚的捕手，每天从全球各大时尚网站收集大量的流行情报。同时，AI算法跟抖音短视频的推荐算法一样，一个流行新款出来，先拿100件卖起来，根据市场的真实反应来进行快速的迭代。爆款出来，马上追单上量；要不爆，这批就是最后一批。

零边际成本

边际成本指每增加一个用户所增加的成本，边际效益指每增加一个用户所增加的效益。网络效应是最好的规模效应，往往能带来零边际成本模式。成本与是指数递减的，规模越大，毛利率甚至超过90%，边际效益越来越高。

1. 供给端

在供给端，什么样的产品具备规模效应，什么样的产品能带来网络效应？农产品、工业品、石油、天然气、矿产资源的产能是有极限的，有增长边界，越采越少；而数字资产、大数据随着万物互联时代，越用越多，越共享越有价值，而边际成本基本为零。因此，在边际成本优势上，数字产品优于工业品，工业品优于农产品。

具体来看，农产品无法标准化，只有弱规模效应，种植10万斤蔬菜和1万斤蔬菜的单位成本不会更便宜。工业品相对比较标准化，有强规模效应。例如国联股份多多平台上的产品基本属于生产性物料，其市场特点有两个：一是传统的供应链条分散冗长，供给端相对集中，对市场反应滞后；二是需求端碎片化，采购和物流成本较高，但需求相对稳定。而数字产品，如游戏、app应用，电影、音乐、云计算、IP产品、数字基础设施，人才猎头的人才字典，贝壳找房房源的楼盘字典等数字资产，均具有零边际成本和强网络效应。

2. 流量端

在流量端，最重要的指标是单用户获客成本（Customer Acquisition Cost，CAC），即需要花多少钱获取一个新用户。

不同渠道的流量，单用户获客成本从低到高依次为社交流量、社群流量、本地流量、大客户流量。社交流量池的网络效应能在流量端建立用户增长的CAC指数递减模型，实现30%~50%的新客户边际获客成本接近于零。比如，网飞付费用户的用户体验很棒，真正做到了“会员0广告”，并且高级会员可以享受1送5的特权，即1个账号支持5个用户的10台设备同时在线，并且同个账户下的不同用户，都能设定各自的密码，独立性非常强。在这个模式下，免费用户中有一部分会自然转化成付费用户。因此，网飞有30%~50%的新用户的获客成本为零。

网络效应的威力

规模效应有三种：第一种是弱规模效应，规模不经济，增长有巨大的天花板；第二种是中规模效应，线性模式，成本与规模是线性递增的，规模越大，毛利率越大；第三种是强规模效应，是指数递增模式，当收入过一个拐点后，边际成本递减，甚至为零。

按规模效应的弱、中、强三档，我们可以画一张九宫格，每一个格子代表供给端和需求端双边网络效应的强度。最值钱的新经济平台，就是流量端和供给端都具备网络效应。比如应用商店、微信、贝壳找房，就是典型的例子。

网络效应是产业万有引力，具有最强的规模效应。网络效应所产生的价值洼地越深，引力就越大。经由产业路由器连接起来的产业共同体，会产生强大的产业网络效应，将产业链上中下游的参与方都吸过来，围绕产业路由器这个超级枢纽平台转动，并最终受益于其所在的产业共同体。

要打造每个行业的产业互联网平台，双边市场的网络效应非常重要。双边或多边网络效应越强，平台就越值钱。如今很多直接面对消费者的品牌（Direct To Consumer，DTC），特别是在互联网沃土上成长起来的数字原生品牌，在小红书、抖音、快手、微信、哔哩哔哩等多个平台的公域流量私有化方面做得非常成功，单用户获客成本相对较低，有非常好的网络效应。

而一旦形成网络效应，往往是剩者为王，赢家通吃。其背后的逻辑在于，更好的供给，能带来更多的流量；更多的流量能带来更多更好的供给，平台供需智能配对的效率也会越高；匹配效率越高，双边的生意就都越好；最后形成增强回路，不断地往好的方向发展。当这种增强回路一旦开始形成，并且有一定空间的时候，它就是不可抵挡的趋势，最终占据绝大部分市场份额。例如微信的社交网络，在微信里，你的社交网络越来越多，你会发现不可能再单独跑到另外一个平台里。

要形成网络效应，首先要在流量端建立用户增长的单用户获客成本递减模型，将边际获客成本逐步降为零。直播是私域流量最好的收割机，而直播路由器模式是收割私域流量最好的平台。可以团结大量社交平台、直播平台MCN的主播直播间和大量线下门店的到店客户、老客户等私域流量，从分布式共享直播到中央直播，形成边际获客成本为零的流量大坝。在供给端，则可以团结产区农场、产业集群带、有大量闲置库存的门店和分销商以及大量闲置的仓库和运力，形成分布式工厂和分布式履约的供给侧网络。

四

下一个10年，我们身处数字战争时代，战争的对象已经由传统意义的争夺土地和海洋转变为争夺数字移民，枪声已经打响。本书将为这场数字战争擂响战鼓。如何才能成为这场战争的赢家?

数字战争将主要在三条战线上展开。

第一条战线：时间线之战

用户注意力是数字经济时代的货币，争夺最多的用户时长，就是争夺用户最多的注意力。时间线上的战争是非常重要的，因为这关乎用户留存率。为此，我们不仅要学会抢用户心智，更要经营好用户资本。例如Costco愿意为所有支付120美元办理会员卡的高级会员提供年消费额2%的返利。今日头条极速版的金币制度，把用户的时间资产、社交资产和消费资产等三大用户资产货币化。金币制度的背后有一个很重要的价值观，即用户是未来所有的数字经济体价值的最大创造者。把用户变成股东并将收入给用户分成的模式，将推动用户资本主义不断发展。

第二条战线：空间线之战

在SoLoMoMe四大流量空间，我们如何低成本争夺更多的数字移民（包括人类移民和机器人移民）？流量路由器可以帮我们实现两化：私域流量公有化和公域流量私有化。这两化一个也不能少。

在社交流量池，目前Facebook、Snapchat（色拉布）、Pinterest（拼趣）、腾讯、拼多多和小红书是胜利者，但仍然有庞大的低成本流量池没有很好地开发。我们要和MCN机构长期合作，继续抢夺关键意见领袖和关键消费者，获取网络裂变效应。

在本地流量池，美团是胜利者。3公里商圈这一仗远没有结束，这是目前最便宜的流量池，但还有大量的蛮荒之地。特别是社区团购，当下已是战火纷飞，人们发现，这可能是一个10万亿规模的大赛道。这是一场高频的战争，战争的胜负可能改写未来数字新大陆的版图，动摇下一个10年产业互联网的格局。

在移动流量池，亚马逊、阿里巴巴、京东是胜利者。移动互联网在智能手机这个移动阵地，大家已达成共识，app、小程序是必备的增长工具。

在个性化流量池，字节跳动、快手是胜利者。这是大数据和AI的时代，每个人的新闻社，每个人的电视台，每个人的直播间，每个人的AI司机，每个人的私人商店，诞生了。消费者购物，已经从图文电商、社交电商的时代进入直播电商的时代，5年后，直播电商将超过10万亿。要进入每个用户的领地，AI算法、广告投放的策略和坑位费的游戏规则都该翻篇了，这是下一个最大的挑战。虽然许多团队都还没有准备好，但新的增长道具已经陆续列阵，亚马逊的echo音响、小米的小爱音箱，特斯拉等智能汽车和服务人类的机器人，都在成为下一个更有想象力的个性化流量阵地，RaaS（机器人即服务）将陆续进入我们生活的每一个角落和工作的每一条生产线。

通常来说，流量端的流量稳定是打造产业路由器的关键。社区团购早期的创业者烧掉了很多钱，最后还是关门了。其原因很大程度上在于他们一开始团结了强关系，但弱交易的宝妈群体，因为朋友圈更多是用来点赞和聊天，经不住长期拿来做生意。2018年，兴盛优选进军社区团购，首先团结了社区小店的老板，以复兴这些小店为使命，让他们赚到钱。兴盛优选通过社区小店的老板很好地将小区的私域流量池建立起来。比如，小区居民到社区小店打一瓶酱油或买一包烟时，小店老板会通过一个二维码，积极地把小区居民拉到他的微信群里，小区居民也会乐意加入，因为这个群里，从鸡蛋到又便宜又新鲜的蔬菜，每天都有8~10个爆款，同时每天提供80~100个SKU（库存进出计量单位）性价比很高的同时又非常高频、刚需、海量的生鲜产品，一下就发展起来。每个团长和小区的户主都是一个弱关系，但有稳定的流量池和长期信任的社区关系。由此，兴盛优选解决了社区团购企业把宝妈作为团长从而导致流量不稳定的问题。

第三条战线，马斯洛需求线之战

大家都很熟悉马斯洛需求金字塔，一个用户的需求从最底层的生存需求到精神层面的需求，从刚需到美好生活，从商品到服务市场，特别是在大健康、教育、旅游、金融、保险等行业都有很大的机会，可以极大地提高单客经济值（ARPU）。我们要锻造全场景能力，从全渠道到全场景，围绕马斯洛的需求，探索用户腰包的深度。

我们要牢固树立经营人的思想。经营货，处处都是敌人；经营人，处处都是朋友。破局的关键是做好"公业务"，围绕客户的高频、刚需、海量、变化慢的需求。"公业务"往往是第一增长曲线，我们首先要把"公业务"做起来，建立强大的护城河，然后就可以紧紧围绕客户更多的需求，持续破圈，开放我们的流量资源和数字基础设施，发展"母业务"群，创造更大的单客经济值。例如兴盛优选的社区小店，过去从来没有卖过蔬菜、水果、小家电，现在也可以卖。在居住服务市场，贝壳找房，先从"公业务"二手房切入，不断拓展新房和装修等新兴业务。在工业品市场，国联股份从涂料市场开始，开发了涂多多。之后发布了包括卫多多、玻多多、纸多多、肥多多、粮油多多等一系列垂直产业互联网平台，不断滚雪球，突破新的品类边界，分别整合了涂料化工、卫生用品、玻璃、造纸、化肥、粮油等诸多行业。

五

在新冠疫情的灰烬中，一大批新物种、产业互联网超级物种又如雨后春笋般涌现，它们将迎来什么样的命运和残酷考验？中国产业互联网刚刚起步，消费互联网企业和产业互联网企业如何能够共生？

在产业互联网时代，消费互联网和产业互联网不是敌人，而是朋友，实体经济和数字经济之间终于从冰与火的较量进化到冰与水的拥抱。未来的商业世界，不再是单打独斗的旧世界，而是团结起来，共同迈进产业共同体的新世界。处于单打独斗状态的旧经济将纷纷瓦解，手舞砍刀、奔赴枪林弹雨的时代结束了；以利他为灵魂的产业共同体模式将加速整编和复兴正在失去优势和地盘的旧经济体。

消费互联网是中心化思维，往往会出现严重的头部效应，中心化平台正在遭受结构性的挑战。产业互联网是去中心化的思维，是利他共生的产业共同体模式。

农业文明和工业文明的发展推动人类进入“人生钱”和“钱生钱”的古典资本主义时代，而数字文明的发展将推动人类进入“云生钱”的数字资本主义时代。在产业互联网时代，一切皆服务，从SaaS到XaaS的订阅经济的云生钱模式，将帮助我们获取客户的用户终身价值（LTV，Life Time Value），大大提升我们的顾客忠诚度和复购率。订阅经济是时间复利皇冠上的珍珠。

微软、苹果、亚马逊和谷歌等互联网巨头纷纷成为价值万亿美元俱乐部的成员，我们不禁猜想：人类第一个价值10万亿美元的公司，它将在哪里诞生？它长什么样？价值万亿美元与10万亿美元的公司，到底有何不同？

眺望未来，产业路由器将超越国界线，超越地缘政治，超越产业链超级节点的垄断，并团结全球一切可以团结的力量，重构每一个万亿级别但仍然处于低效率、碎片化的市场。“产业路由器＋用户资本主义＋赋能型共享经济体”将造就价值100亿美元、1000亿美元、1万亿美元甚至10万亿美元规模的产业共同体，这将是未来所有产业链参与方的新生存方式。

本书是产业互联网理论和实践的一次大胆探索，也是一次还没有唯一答案的探索。产业互联网不是又一个赚钱的机会，而是一个时代。一个人如果想成为长期主义者，他首先得学会看清未来趋势，看穿新事物在时间上的进化或演变脉络。我们正集体卷入产业互联网时代的洪流，前面仍然有很多的不确定性和各种不同的坑要踩。无论是寻找下一条增长曲线，还是寻找一种新的战术方法，我们都需要创新。创新就要试错，就要借假修真，持续迭代和调整自己的系统和操作方法，做出改变，通过实践来验证自己的想法。如何试错呢？我们可以像军队的侦察兵或石油勘探队一样，不断试错。并联组织，就是一种低成本创新的组织，为了减少试错代价，我们可以同时组织3~5支小分队。每一个小分队都是相对独立的经营单元，灵活机动，彼此之间没有垂直的控制关系，可以自下而上地自主制定目标和关键成果（OKR），打破部门墙和流程桶。各小分队可以多路径、多触角、多方向地探索，寻找组织新的生存空间和新商业模式，更有利于发现新商机、新方法，创造新产品。如何让一线的小分队指挥炮火呢？总部要做好赋权，提供中台服务，例如业务、数据、组织这三个中台，要为创新、开放和快速响应而生，这样才能支持有多个一线小分队的并联组织。

最重要的是，企业家自身要学刘邦。刘邦曾说过：“夫运筹策帷帐之中，决胜于千里之外，吾不如子房；镇国家，抚百姓，给馈饷，不绝粮道，吾不如萧何；连百万之军，战必胜，攻必取，吾不如韩信。此三者，皆人杰也，吾能用之，此吾所以取天下也。”那些擅长团结互联网“老炮”和新人的产业“老炮”，必将成为新的主角。要改变一个产业的旧格局，要带领一个行业共同走出当下新冠疫情后的困境。要做所在行业的产业互联网领袖，企业家就不仅要带领自己公司的团队，更要时不时地跳出来，和大家一起跳出最苦难的岁月，像森林上空的鹰，打开心房，俯瞰整个产业和整个世界，畅想一下未来，带领整个产业链上那些愿意追随自己的上游、中游和下游的企业家，一起从战略黑暗走向战略黎明。

新冠疫情的阴霾还没有消散，世界仍处于脆弱状态。数字新大陆风云变幻，互联网的光线在旧经济的海岸线上飞速移动，企业家们已经无法继续沐浴在成功的阳光下。新经济如雨水一样不断地拍打在旧经济的屋顶上，发出温柔的嘶鸣。只有恐惧和成功能束缚我们，只有焦虑在给我们设限。但我们的想法和勇气是不受限的。

如何从地缘经济体进化到产业共同体？本书将从产业共同体的灵魂、两个基本点、三个使命、四个转变、五个法则、六项准备和七部曲等方面和读者一起讨论如何重构万亿产业共同体。供给端的效率和需求端的流量，关乎产业互联网时代每个参与者的生与死，该如何打好流量战争和效率战争？

对于以上这些关于新未来的话题，本书不是一本提供人类未来发展答案和世界经济命运的预言书，也不是一本企业商业模式和经营管理的教案，我只希望这本书能帮助读者从当下错综复杂的环境中识别出影响自己未来走向的信号，并坚定地勇敢前行。

时间线上的任何小波动，都可能造成未来某个时刻的大混乱。历史总在捉弄我们，有时候，我们的思维就像水泥，很快就固化了，面对新生事物常常茫然无措。数字文明的光芒已经穿越时间线，照进时代的裂缝，而我们的认知却还停留在农业文明和工业文明的旧时代。物理世界和数字世界在平行运行着。在数字世界中，消费互联网和产业互联网看似运行着完全不同的操作系统，其中的思想和底层逻辑却是相通的。本书将拉开这两个互联网的幕布，揭秘这一切。

产业互联网的清风拂过丛林，漫过人类的星空。2021年，一切正在重建，产业互联网是巨大的红利。我们必须满怀热情和信念，热烈拥抱产业互联网。

总之，无论你是充满激情的年轻创业者，还是久经沙场的老到企业家，抑或是阅人无数的睿智投资人，我都热切地期待你能从本书中获得灵感。让我们一起穿越时光，打开新大陆的大门吧！

下一个10年，您的精彩故事是什么？

上篇

产业互联网时代

“最遥远的光亮，比离我们最近的黑暗还要靠近我们。”

—— 叙利亚诗人 阿多尼斯

01 数字新大陆的新叙事

ABCD 引爆 4 场革命

下一个10年，一切皆可重来，我们感受到数字新大陆正在快速崛起。在迈向新大陆的路上，一场深刻的产业革命正在悄然发生，数字经济的终局大战一触即发。数字化关乎每一个企业甚至每一个国家的命运。如果把企业看成人，那么这是企业人生里最重要的一次大考。

数字经济体的崛起

首先，我们来看一组数据：2019年中国GDP接近100万亿元，中国数字经济的规模超过35万亿元，其中电商经济突破10万亿元，占社会零售总额的25%。根据相关预测，中国经济体将会全面数字化，10年后电商经济占社会零售总额的比例可能会达到80%。

在数字消费社会中，参与数字移民的不仅有人类，还有各种场景下的人工智能或机器设备。一个人类与机器共生的社会已经可以被预见，这样的社会环境将会给人类带来哪些解放？会给人类的伦理和国家的治理带来哪些挑战？我们不得而知。现如今，几乎每个人都拥有一个如影随形的AI精灵，这个精灵可能是一款陪伴人们左右的机器设备，比如智能手机、智能汽车、机器人、便携式蓝牙音箱Echo Dot或小雅音箱，也可能是一个最懂主人想要什么的app，比如微博、微信、Facebook、今日头条、抖音、TikTok、快手、Instagram（照片墙，国外的社交应用）、探探、小红书和哔哩哔哩（简称B站）等。

根据中国信息通信研究院的数据，2019年中国数字经济总量达到35.8万亿元，占GDP比重超过1/3，达36.2%。2019年数字经济发展对中国GDP增长的贡献率达到67.7%，高于农业、工业和服务业对经济增长的贡献，成为带动中国国民经济发展的核心关键力。根据国家统计局的数据，2019年中国网上商品和服务零售额为10.6万亿元，同比增长16.5%，网上商品和服务零售额首次突破10万亿元大关，数字经济的增速还在不断加快，电子商务在零售销售中所占比例现已达到25%。

截至2020年3月，阿里巴巴GMV为7.053万亿元（约合1万亿美元），主要包括中国零售市场GMV6.589万亿元，以及跨境及全球零售市场和本地生活服务GMV。阿里巴巴数字经济体的消费型商业业务主要由中国零售市场、跨境及全球零售市场和本地生活服务业务组成。阿里巴巴全球年度活跃消费者达9.60亿，其中7.80亿消费者来自中国，1.80亿消费者来自海外。截至2020年9月30日，阿里巴巴中国零售市场年度活跃消费者达到7.57亿，较上一季度增长了1500万，同比增长9.24%。而中国零售市场月度活跃用户达到8.81亿，单季度净增长700万，逼近9亿大关，但增速为3年来最低。

下沉市场的领先者拼多多，采取农村包围城市的战略，经过5年悄无声息的积累，通过“病毒式”的社交传播将大部分中国网民“收入囊中”。截至2020年9月底，拼多多平均月活用户数已达6.434亿，单季度增长7460万，较去年同期增长50%，平台年活跃买家数达7.313亿，相当于半个中国的消费者都在使用拼多多。2019年全年，拼多多GMV达10066亿元，突破万亿，较去年同期的4716亿元，增长113%。

汇通达深耕中国乡镇市场，2019年，其GMV达到3000亿元，阿里巴巴在2018年向汇通达投资45亿元。大搜车深耕二手车市场，2019年，其GMV也达到惊人的4000亿元。

最令人振奋的是贝壳找房，2020年11月1日，其市值突破800亿美元。财报显示，2020年，贝壳找房的成交总额突破3.5万亿元，同比上涨64.5%，在中国成为仅次于阿里巴巴的第二大数字经济体。2020年，贝壳找房全年总收入705亿元，同比增长53.2%，全年净利润为27.78亿元，首次实现美国会计准则下全年盈利，经调整后净利润达57.2亿元，同比增长245.4%。

5G＋ABCD引爆的4场新革命

5G、物联网、人工智能、区块链、云计算、大数据、社交媒体、AR/VR、无人驾驶汽车、生物科技等新科技的光芒已经照亮世界，加速了全球产业链的数字化，将全世界的消费者紧密地联合起来，加速人类文明和全球产业的兴衰更替。

5G是一剂催化剂，将加速新一轮互联网革命的到来，它将加速从消费互联网到产业互联网、从信息互联网到价值互联网、从人类互联网到万物互联网的转变。5G也将催化从AI科技到机器人、从云计算到边缘计算的发展。

所有行业将从消费互联网时代阔步迈入产业互联网时代、消费升级时代。一切皆可重来，大量的旧消费品牌、旧零售品牌，可能很快就会消失。虽然消费互联网完成了人与信息、人与商品、人与服务、人与人的连接，但其本质依然是信息互联网，而产业链上各个节点和数据仍然是孤岛。相对的，虽然产业互联网完成了人与资产、人与企业、人与产业、产业与产业的连接，但其本质是价值互联网。

如今，ABCD正在加速改变整个世界，加速每一个产业的迭代。如果说AI是继蒸汽机、电气之后的第三次生产力的革命，那么区块链带来的币权制度将是继股权、期权后的第三次生产关系革命，云计算是继传统“铁公机”、电网之后的第三次基础设施革命，大数据则是点燃第三次生产力和生产关系革命的火把。

云计算是前面两场革命的数字基础设施。而大数据将成为数据银行流动性最强的资产，它将带来继土地、原材料之后的第三次生产资料革命，成为数字经济体的新燃料。图1–1为全球云计算市场份额示意图。

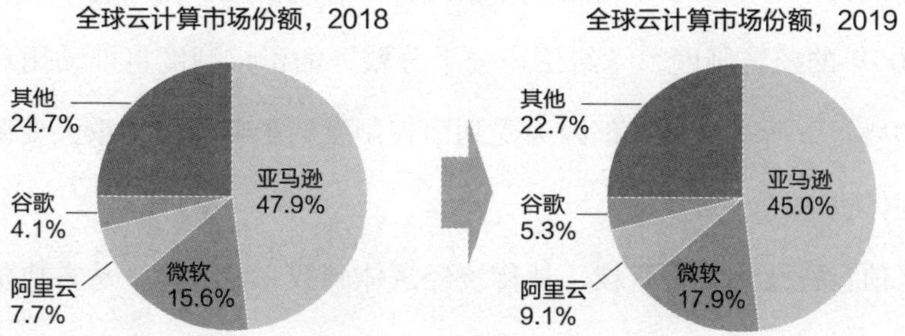

图 1–1　2018 ~ 2019 年全球云计算市场份额示意图

数据来源：Gartner 公司

云计算服务是数字经济体未来最主要的基础设施。互联网四巨头（亚马逊、微软、苹果和谷歌）是全球云计算服务的领军者。微软因为云计算技术，打了一个漂亮的翻身仗，在2017年至2019年间，其市值增加近3倍，占据全球第二的位置。中国的阿里巴巴的云计算也做得很好，已经成为亚洲第一。同时，中国的华为云、腾讯云也都开始有非常大的发展。

工业资本积累时代推崇的是"资金是资本"，1602年，荷兰东印度公司诞生了"给出钱的股东公平分钱"的股权制度，造就了几百年后世界经济的繁荣。技术资本积累时代推崇的是"人才是资本"，"给员工公平分钱"的期权制度和风起云涌的风险投资制度在硅谷诞生了。期权制度和风险投资的出现，第一次将资金的价值放在了第二位。进入21世纪后，区块链诞生，区块链的分布式结构启发了新的营销思想，这一新思想的核心是“用户是资本”。趣头条的金币制度引进了“消费即挖矿，社交即挖矿”的底层逻辑，将平台的广告收入的50%分配给通过看新闻、推荐新用户、写评论或文章而赚到金币的用户。新时代下，人们的价值观将再次刷新下一个100年的经济制度，“给用户公平分钱”的币权制度将推动用户资本主义的盛行，所有经济体都因为受到币权制度的影响而发生重大变革，产业共同体也一样。

从信息科技到生物科技，从传统经济体到数字经济体，从古典资本主义到用户资本主义，从消费互联网到产业互联网，从图文电商、社交电商到直播电商，从地缘经济体（如欧盟、一带一路共同体）到产业共同体，新技术不断打破各类经济体之间的壁垒，重构世界存量经济。

未来，每个行业都会有一大批新消费品牌崛起。一大批在新零售、新物流、新制造、新服务、新媒体、新金融等新环境下诞生的创新物种将如雨后春笋般不断涌现。其中也会诞生一小批横跨不同创新环境，具有指数增长型的数字经济体超级新物种。这些超级新物种既属于新消费、新零售、新服务、新制造，也属于新金融、新媒体和新物流，它的业务模式将实现多种新模式的融合。这将是一个具有生命力的创新时代。

面对未来的重重危机与种种诱惑，企业家们将展开刺激的大冒险。

前往数字新大陆的大迁徙

2020年，数十亿人在家中经历了难忘的数字化生活。如果把数字化转型看作性命攸关的生存机会，那么企业家们就会迅速行动，不会再考虑太多战术层面的问题。小米科技创始人雷军有一句近乎偏执而又流传很广的名言：不要用战术上的勤奋掩盖战略上的懒惰。只有认识到这一点，企业家才能突破自己的认知茧房、信息茧房，实现顺应时代发展的公司变革。

在疫情的冲击下，数字化是维持企业存活的特效药，也是提升企业“免疫力”的良药。人类的发展史本身就是迁徙的发展史，而互联网时代的到来带来一场人类现代史上最大的迁徙。这次大迁徙的目的地是数字新大陆。正在崛起的数字新大陆是一片沃土。

祸兮福所倚

中国有句古话：“祸兮福所倚，福兮祸所伏。”即使是一件坏事，我们也可以发现其积极的一面。新冠肺炎疫情的到来倒逼很多企业家加快向数字新大陆的迁移。

凡是在数字化大迁徙中，率先突破实体经济时空限制，从图文电商、社交流量快速突围到直播流量阵地的企业，都已经获得成功。直播成为零售业的新标配和新基础设施。

2020年，新冠肺炎疫情对人们的生活方式产生了巨大的影响，对生活消费行业和零售行业的影响也是巨大的，有三类企业已经陷入短期困局：

第一类是生活消费类、服务类企业，如餐饮、旅游、娱乐、电影、珠宝、服装、美容、线下教育等；

第二类是用户消费频次不高、单价高的企业，如大型购物中心、奢侈品店等；

第三类是用户消费频次较高的企业，如大卖场、超市、便利店等。

这三类企业都暂时陷入困境，但随着中国抗疫工作逐步取得胜利，它们也慢慢地走出了困境。

同时，还有三类公司陷入了长期困境：

第一类是数字化能力很差的公司，这类公司没有线上业务，长期处于亏损状态，在数字化大迁徙中很难存活，或将陷入长期困境；

第二类是本身现金流就不健康，现金储备少的公司，比如一些汽车零配件、服装等行业的中小企业，它们库存量大，长期都处于现金流不健康的阶段；

第三类是组织僵化的公司，危机来临时，它们对外界的反应很迟钝。面对市场的不确定性，企业的反脆弱能力、数字化能力、快速响应市场危机的能力都非常重要。

唯一能够守住基本盘的还是那些具有底层逻辑的刚需市场的企业。刚性市场无论如何迁徙、重组，都是值得投入的。但这并不意味着可以大量地投入，因为刚性市场的增长相对平稳。但对于大健康产业，这次疫情反而是一次机会，它让人们拥有健康意识。

人口红利的改变：从数量到结构

2021年，中国将可能超越美国，成为全球最大的消费市场。届时，中国的人口红利已经从数量红利进入结构性红利：从人口结构看，中国60岁以上的老龄人口数量超过2.53亿，老龄经济将促进大健康产业的爆发；中国的新中产阶层正在从第一代走向第二代，该阶层人数预计超过3亿人，这意味着我们的中产阶层几乎和美国人口相同；Z世代（指95后和00后）人口数量超过3.2亿，他们将在5年后成为主力消费人群，也将是未来发展的新动能。①新中产阶层和小镇青年市场正在加速催化“世界工厂”往“世界市场”的转变，制造大国往消费大国、服务大国的升级。

中国城市化率每年提升1%，一线、二线城市人口增长快于三线、四线城市。即便如此，截至2018年，下沉市场（三线、四线、五线城市）人口仍将占城市总人口的 2/3，共9.3亿人。②在这样的人口结构下，面向年轻群体的新消费品有很大的潜在市场，中低端消费品、高性价比消费品市场规模将持续呈扩大趋势。

中国的人均GDP已经达到1万美元，中国的进口商正在从全球采购最好

① 数据来源：https://www.jiemian.com/article/5532920.html

② 数据来源：https://www.vzkoo.com/news/2456.html

的消费品，全球的品牌都在为中国提供产品和服务，这样的市场将带来一个全新的世界格局。下一个10年，中国将从“世界工厂”转变为“世界市场”，从制造大国升级为消费大国。一个10万亿的消费升级飓风口正在形成，这其中基本覆盖了包括医疗、大健康、食品、餐饮、旅游、交通、体育、文化、教育在内的所有大消费产业。

生命科学目前处于大爆发阶段。在国外，设计、研发“达·芬奇”手术机器人的直觉手术机器人公司（Intuitive Surgical）截至2020年11月1日，市值超过800亿美元。在国内，国务院印发的《“健康中国2030”规划纲要》预计：2030年，中国健康服务业规模将超过16万亿元。

SoLoMoMe新格局

2011年2月，IT（互联网技术）风险投资人约翰·杜尔第一次提出互联网的SoLoMo趋势。此后，零售巨头沃尔玛CEO麦克·杜克在这个概念的基础上，提出了零售渠道SoLoMoMe[①]的未来格局，其中，社交消费群体成就了拼多多、小红书；本地消费群体成就了美团和兴盛优选；个性化消费群体成就了字节跳动旗下的今日头条、抖音，以及快手、趣头条等。

在新一轮零售革命中，企业家需要重点关注SoLoMoMe中的本地消费群体。如果企业本地化没有做好，未来将存在很大的隐患，类似拼多多、兴盛

① SoLoMoMe在SoLoMo概念的基础上，增加了代表个性化消费群体的单词“Me”，其他三点分别代表的是：社交消费群体、本地消费群体、移动互联网的消费群体。

优选这样的新兴企业已蓄势待发，开始争夺本地市场。从SoLoMoMe消费群体逻辑来看，在二线、三线城市，淘宝和京东会加强在移动互联网方面的优势，而在三线城市以下的县城，真正能做到接近消费者，以县城客户为中心的则是拼多多。回顾几大巨头的崛起，无论是BAT（百度、阿里巴巴、腾讯）、TM（今日头条、美团），还是PKQ（拼多多、快手、趣头条），崛起的逻辑都在于谁能够更接近消费者，并做到以客户为中心。

说完了本地消费群体，我们再看看社交消费群体方面的情况。

2019年6月，“互联网女皇”玛丽·米克尔发布了《2019年互联网趋势报告》（下文简称报告）。在这份报告提供的全球市值前30的互联网公司榜单中，美国公司有18家，中国公司有7家。报告还显示，2019年美国人每天花在移动端的时间达到226分钟，首次超过了电视端。报告称，26%的美国成年人“几乎始终”在线，而3年前这一群体的比例只有21%；用户在移动端主要从事3方面的行为：社交、观看视频以及分享图片。随着《堡垒之夜》（Fortnite）这样的互动游戏成为特定人群新的社交媒体，2018年全球互动游戏的玩家人数增长了6%，达到24亿人，观看游戏相关视频的人数也在不断增加。

报告还显示，从2017年4月到2019年4月，中国短视频app日均使用时长从不到1亿小时，增长到了6亿小时。全球移动端用户占比靠前的应用分别为Facebook、YouTube（油管，视频网站）、WhatsApp（通信应用程序）、微信、Instagram（照片墙）、Facebook Messenger、Twitter（推特）、Snapchat、Pinterest和Twitch（游戏视频平台）。这种用户分布格局对应着新闻传播渠道的巨变，如今有43%的用户通过Facebook，21%的用户通过YouTube，12%的用户通过Twitter来获取新闻。

在国内，社交消费群体兴起的标志则是拼多多的崛起。拼多多成立于2015年9月，是一家专注于C2B（Customer to Business，即消费者到企业）拼团的第三方社交电商平台。用户通过和朋友、家人、邻居等拼团，可以用更低的价格购买优质商品。其中，由沟通分享构成的社交理念，形成了拼多多独特的新社交电商思维。拼多多的定位是社交电商，以团购的方式通过社交网络实现了流量的裂变和变现，这是其核心价值所在。拼多多创始人黄铮曾说过："我们创造了一种新的逻辑：以人为中心的电商。通过拼团了解人，通过人推荐商品。"过去的社交电商的主流方法是找KOL背书，这种做法解决的是信任和导流的问题，但是并没有解决流量货币化的问题。而"低价+团购+社交"的模式，满足了二线、三线城市及以下县域用户的购物需求。这一用户群体的地域分布，即是人们常说的"小镇"形象。2018年，拼多多的"小镇"用户规模呈爆发式增长，同比上涨870.2%，"小镇"用户使用黏性明显增强。拼多多上线后，还吸引了一大群90后返乡创业。

我曾在拼多多上面浏览到一件女装风衣，标价130元，团购价49元，屏幕上还显示"此刻已拼44023件"。对于用户来说，人脉越广，推荐的人越多，砍价成功的机会越大。但对于拼多多来说，如果用户团购成功了，则相当于用很少的成本换来大量的用户，即使团购失败，至少可以换来大量曝光度。拼多多每天都会推出多款"零元购"的商品。比如，一个蓝牙耳机原价值88元，用户可以通过介绍一定数量的好友成为新用户来免费领取一个蓝牙耳机。“零元购”的定位是利用刚需的流量产品吸引用户注意，为未来的流量货币化构建更宽更深的护城河。

拼多多大规模推动了每个消费者社交资产的货币化，它在设计团购规则时，遵循了这样的原则：拼单团的发起人和参与人之间是平等的，发起人本身不会从中获得额外的经济利益。在进一步传播的过程中，加入到这个团体里的所有人也都是平等的。拼多多社交电商的商业逻辑出现了三个变化：

首先，社交消费群体的格局从达人经济网红经济下的不平等、一对多的社交网络逐渐走向平等的、多对多的社交网络；其次，电商平台的算法基础从超级上帝式的人工智能逐渐走向分布式的人工智能；最后，用户的购物习惯从搜索关键词寻找知名品牌，变成向分众化的消费品牌靠拢。

快手的崛起则全面地呈现了SoLoMoMe消费格局的综合面貌。快手是记录和分享用户生活的平台，每天新发布数百万的原创新鲜视频。很多用户在第一次试用快手后就停不下来了。马化腾在投资快手时说：“快手专注于服务普通人对日常生活的记录和分享，拉近了人与人之间的距离。”2020年7月22日，快手大数据研究院发布《致披荆斩棘的你——2020快手内容生态半年报》。报告显示，快手成为继微信、QQ、微博之后国内第四大社交应用平台。快手app的日活跃用户数已经超过3.4亿，直播日活用户超过1.7亿，成为“日活亿级俱乐部”的一员，已然占据国内短视频总活跃用户数的半壁江山。2020ChinaJoy全球电竞大会的公开数据显示，截至2020年5月底，快手游戏直播月活用户超过2.2亿，游戏短视频月活用户突破3亿。

快手的产品经历多次改进和转变。从视频长度的逐步加长，再到开辟直播业务，这些转变的背后是年轻人社交模式的变化。快手的定位一直是对生活的记录与分享，短视频只是其中一种传播信息的形式。用户迅猛增长后，快手改进了推荐算法，极大地提高了用户体验和效率。

晨兴资本的张斐曾分析，快手平台上的内容生产者可能以三线和四线城市的用户为主，但是观看用户分布相对平均。平台的视频播放量每天已经达到六七十亿次，用户每天平均使用时长达到60分钟。快手电商日活用户数量已突破1亿人次，2019年直播GMV超过1500亿。快手电商直播生态实现跃迁，用户们的精神生活也在进行消费升级。快手直播和短视频已突破单纯的带货和娱乐，延伸至文化艺术领域。博物馆、艺术馆、交响乐团、话剧表演、文化界人士都齐聚快手，通过直播和短视频的力量让知识和美育的普及在技术新语境中得到进一步实现。报告显示，快手认证的音乐人达3万名，歌手周杰伦本人也在2020年6月1日正式入驻快手，70小时粉丝数突破1000万。钢琴家郎朗则给快手用户带来“国民钢琴课”，解答用户在学琴的过程中遇到的问题。直播和短视频赋予每个人与艺术平等对话的机会。在快手，用户既可以云游全球的博物馆，也可以享受国家大剧院的线上音乐会。

大数据勾勒出的快手用户画像是：生活在三四线城市的年轻人，他们有着无比的创造性，每个人都能在快手的世界里找到自己的快乐。

据QuestMobile[①]数据显示，“小镇青年”用户在社交、网络K歌、游戏、短视频和照相图片等领域占比较高。目前短视频app用户中约五成是90后群体，超60%用户来自三线城市及以下县城。小镇青年在短视频、在线视频、手机游戏、网络K歌以及游戏直播等领域花费的时间明显多于一线和二线城市的青年，但在百科问答、电子书等数字阅读类app花费的时间相对较少。相比之下，小镇青年更喜欢直接、放松的视频类、游戏类等消磨时间型的休闲娱乐方式。

2020年的新冠肺炎疫情加速了人类前往数字新大陆的迁徙，数字新大陆会成为中国消费品和零售业的新战场。这场迁徙也许在眨眼之间就会使人类社会发生天翻地覆的变化，颠覆人类工作、生活的方方面面。

人类历史上第二次大迁徙是哥伦布发现南美洲后的区域性大迁徙，而互联网带来的大迁徙将是全球性的。不论是“数字原住民”还是“数字难民”，都会被卷入这场迁徙中，而这场迁徙将是温暖却残酷的。

① QuestMobile（北京贵士信息科技有限公司）是一家中国移动互联网商业智能服务商，提供互联网数据报告、移动大数据分析、数据运营报告等的互联网大数据平台。

02 消费宇宙膨胀模型

微软、苹果、亚马逊、谷歌等公司纷纷成为“万亿美元俱乐部”的一员，我们不禁猜想：人类历史上第一家价值10万亿美元的公司将在哪里诞生，美国、欧洲国家，还是中国？它会是什么样的形态？在一次“独角兽成长营”的活动中，我曾问过参与者们一个问题：价值1亿美元、10亿美元、100亿美元、1000亿美元、1万亿美元和10万亿美元的公司，它们之间到底有什么不同？这个问题非常有意思，我们的讨论很激烈，参与者们各自的回答也很有想象力。这是一个开放性的问题，而我相信最好的答案应该是由10年后的企业家们来回答。

企业不仅要选对赛道，更要去研究未来的商业模式。企业家们在埋头苦干的同时，也要仰望一下浩瀚无垠的星空。

三维价值罗盘

今天，我们幸运地踩到了新周期的起点，这是百年难遇的大机会。多种新技术交织碰撞在一起，即将发生一场大爆炸。那么，大爆炸之后的世界是什么样子？

整个商业世界的增长模型如同宇宙的膨胀模型。越不受时间线、空间线和马斯洛需求线（下文简称“马线”）约束的公司，越有可能跨越各种鸿沟和边界，成为最有价值的公司。

为什么特斯拉的市值比世界最大的汽车公司丰田高出1000多亿美元？全球最大消费品牌雀巢能从4000多亿美元冲破1万亿美元吗？与谷歌公司一样靠搜索起家，百度的市值为什么长期徘徊在500亿美元左右？在未来5年，中国能否诞生万亿美元级的公司？这家市值万亿美元的公司会是老牌的数字经济体阿里巴巴、腾讯，还是新锐的字节跳动？有的公司聚焦产品，有的公司重点打造品牌，有的公司大力投入基础设施，有的公司致力于成为平台，为什么不同公司之间的商业模式差距这么大呢？

想回答这些问题，我们要从一个公司增长模型说起。

图2-1是一个三维价值罗盘，罗盘的中心是人类。实际上，人类的消费宇宙从第一个集市诞生的那一刻起，就一直沿着时间线、空间线和马线这三个维度开始膨胀。

最早打破时间线、空间线和马线约束的是数字经济体、平台公司，它

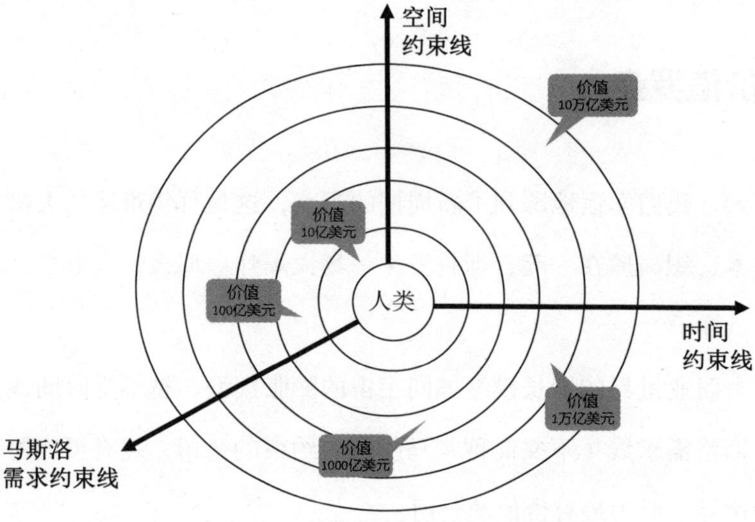

图 2-1　三维价值罗盘：三不约束增长模型

们不断地扩大消费的边界。2020年“双十一”期间，阿里巴巴和京东两家电商互联网巨头都创下了新的消费纪录。阿里巴巴发布的数据显示，2020年天猫“双十一”全球狂欢季（11月1日至11日）总成交额达到4982亿元，同比增长26%。京东发布的数据显示，京东“11.11”全球热爱季（11月1日至11日）累计下单金额超2715亿元，同比增长32%。从天猫“双十一”的历史来看，2009年第一届“双十一”淘宝商城的全天物流订单量（当时主打的宣传中，“双十一”活动仅在11月11日当天）只有26万。而在2020年，截至11月11日23时，天猫“双十一”物流订单量破22.5亿单，约等于2010年全年中国快递量的总和。2020年11月11日0点0分26秒，天猫“双十一”订单创建新峰值，达58.3万笔/秒，再创新纪录。58.3万笔/秒的新纪录是2009年第一届“双十一”的1457倍。

直播则是能够打破时间线、空间线和马线约束的核弹，它不但成为新零售的标配和新基础设施，而且引爆了新的消费增长模式。沃尔玛的一个实体店一天最多接待10万人，但2020年10月21日，“双十一”大战提前打响，李佳琦和薇娅的直播间在线人数分别为1.5亿和1.3亿。2019年，淘宝、抖音、快手3家直播电商规模接近5000亿GMV；2020年，中国直播市场规模预计突破1万亿元。2020年天猫“双十一”全天，淘宝直播带来的成交额接近200亿元，超过10个直播间成交额过亿。

2020年11月1日到11日，33个淘宝直播间成交额超过1亿元，近500个直播间成交额超过1000万元。2020年“双十一”期间，有超过3亿的消费者在淘宝上看过直播。直播所引导的成交额也比去年有大幅度的提升，2020年淘宝直播引导成交的GMV同比增长约1倍，商家自播带来的GMV同比增长超过500%，直播商家覆盖数增长220%，淘宝直播新增就业机会超400万个。

一家公司，每突破一层约束，其价值就增长10倍。我总结了各个时期全球市值最高的100家公司的商业模式，它们的例子印证了“三不约束模型”确实可以成立。

新冠肺炎疫情加速了数字经济的增长。疫情发生后，大部分互联网公司、AI企业在过去半年里业绩和市值剧增，ZOOM、特斯拉、奈飞、亚马逊、拼多多和小米等公司甚至出现了50%以上的增长。美团建立了中心化的本地生活服务电商基础设施，它拥有中国最大的同城即时配送网络，截至2020年年底，美团平台的活跃商家数与年度交易用户量，分别增长至680万和5.1亿，外卖骑手达到470万人。美团2020年第四季度开始快速进入社区团购，从送外卖到送万物，边际成本越来越低。

数字经济体天生就能打破时间线和空间线的约束。2019年，中国数字经济体占中国GDP的35%，10年后这个数字将超过70%。提供数字基础设施和产业基础设施的公司将获得巨大增长。未来的数字经济体都可以用三维价值罗盘来分析。

如何摆脱万有引力

越不受时间线、空间线和马线约束的公司，就越容易打破时空和需求的结界，这样的公司在未来会越来越有价值。

新技术大爆炸后的世界，公司如何突破时间、空间和需求的限制？

企业需要摆脱在低价值轨道上的“万有引力”，即企业对旧商业模式的路径依赖。而要想摆脱这种依赖，企业需要打造三级火箭，并建立“硅谷模式”。

三级火箭

亚马逊是如何从1000亿美元迈向1万亿美元的高价值轨道的？

实际上，是Prime会员、亚马逊平台和AWS云服务构成了支撑亚马逊高速发展的三级火箭。

首先，亚马逊通过Prime会员体系和超级价值注地吸引了超预期的口碑和大量忠实会员。其次，这些不断涌入的超价值会员为亚马逊平台吸引了大量的第三方商家。这些商家丰富了亚马逊网站的在线商品库，并利用亚马逊的线下FBA物流①履约服务为Prime会员提供服务。这又进一步提高了客户体验，吸引更多人成为亚马逊的Prime会员。最后，在上述业务不断发展的过程中，亚马逊衍生出了世界级的IT服务能力，由此获得了AWS云计算的新机遇和全新业务增长引擎。

最难突破的约束线

在三维价值罗盘里，马线是最难突破的，公司突破它需要应用硅谷模式："开源生态＋闭环价值＋品牌即应用"。苹果能够成为全球最值钱的公司之一，应用商店（App Store）是关键。自2008年上线以来，app应用出现了巨大的网络效应，截至2020年第三季度末，苹果应用商店的app应用已经超过209万个；苹果应用商店总收入连续多年打破历史纪录，呈指数增长，2020年全年总收入超过723亿美元，同比增长30.3%。②由于iOS系统

① FBA（Fulfillment by Amazon）物流服务，将第三方卖家的库存纳入其物流网络，卖家支付相关的服务费用，亚马逊负责拣选、包装以及配送商品。可理解为亚马逊的代发货服务。

② 数据来源：https://www.statista.com/statistics/296226/annual-apple-app-store-revenue/

的封闭性，其用户只能通过App Store下载安装应用。作为苹果手机及其他终端设备专属应用程序商店，App Store在运营上有较好的表现。它向全世界的软件公司开放，建立了一个开源的开发生态。目前，App Store拥有超过200万个应用，每一个应用就是一个品牌，每一个品牌也开始有了自己独立的app和小程序，且苹果也有比谷歌更严格的上线审查制度，形成了非常好的闭环价值。

为什么当当退市前市值只有5.5亿美元？1999年11月，当当建立了最早的电商基础设施，但在马线方面的各种探索过程中，当当始终没有很好地突破早期的图书品类，ARPU一直上不去。

而小米市值为什么能在上市不久便超过3000亿港元？因为小米不仅制造优秀的产品，还“制造”优秀的创业公司。与其相关的生态链企业更是超过了290家。2019年，小米公司收入2058亿元，总毛利285亿元，净利润115亿元。小米的IoT产品及生活消费品收入达到438亿元，占总收入的25%，而且该项数据连续3年保持着80%以上的增速，总营收额仅次于小米的手机业务。

在小米的产品序列中，扫地机器人来源于石头科技，净水器来源于智米，小米手环来源于华米，这些企业共同组成了小米生态链，形成了一个庞大的家族。小米生态链建立了一个智能生活产业共同体，小米围绕手机的核心用户群打造了一个“数字移民共和国”，里面的月活用户超过3亿。其涵盖的产品线包括手机、电脑、数码周边和美妆护肤品等，应有尽有，用户甚至可以在小米有品app上买到牙刷和床。不过，虽然小米曾帮助这些生态链企业快速建立市场规模和竞争壁垒，但可能在自己的消费体系里困住它们。因此，很多小米生态链企业，如华米、石头科技、万魔声学等开始纷纷打造独立品牌。比如，2018年，石头科技的自有品牌收入14.8亿元，米家品牌收入14.4亿元，自有品牌营收占比第一次超过50%。

云生钱

一鲸落，万物生。农业文明和工业文明的发展让我们迈进了“人生钱”和“钱生钱”的古典资本主义时代，而数字文明正在带领我们走向“云生钱”的数字资本主义时代。

阿里巴巴2019年的GMV已经突破1万亿美元，而同时期的亚马逊还不到3400亿美元。虽然阿里巴巴的GMV比亚马逊高，但是市值却距亚马逊差9000亿美元。

二者的差距主要在云基础设施服务和Prime会员。根据2019财年数据，亚马逊的业务共分为三大部分：北美业务、国际业务和云服务业务，收入分别为1708亿美元、747亿美元、350亿美元。显而易见，北美业务收入是亚马逊收入的主要来源，占比约60.9%，国际业务收入占比约26.6%，新兴的云服务收入占比约12.5%。

实际上，北美业务的经营利润非常低，只有70亿美元，经营利润率4.1%，占总经营利润的48.3%。国际业务长期以来一直是亏损的，从2017

财年的-30.6亿美元，到2018财年的-21.4亿美元，再到2019财年的-17亿美元，亏损金额正在收窄。而在2019财年，云服务的经营利润达到92亿美元，经营利润率26.3%，占据了亚马逊整体经营利润的63.3%。云服务的边际成本越来越低，互联网效应明显。从利润的角度来看，亚马逊云服务超过了亚马逊北美电子商务部门，成为2019年运营利润最高的部门。

反观亚洲最大的云服务公司阿里巴巴，旗下云服务业务只有400亿元，规模只有亚马逊的约1/6。而腾讯云服务在2019年才刚突破170亿元。由此可见，亚马逊是以零售业务为突破口，积累了海量的消费者数据、流量和消费，但只赚取了微薄的利润。基于零售业务，亚马逊云服务近年来快速发展，并带来强有力的经营利润率，支撑了亚马逊整体的利润。

2019年5月2日，我访问了亚马逊公司。亚马逊的孙博士认为，他们未来的增长除了依靠亚马逊云计算，还有智能助理业务。

亚马逊CEO贝佐斯强调了亚马逊智能助手Alexa（亚马逊旗下的智能音箱）的发展，并表明便携式蓝牙音箱Echo Dot是亚马逊全球所有产品中最畅销的产品，2019年“Echo家族”的产品销量较2018年增加了数百万台。

贝佐斯指出，研究Alexa的科学家数量在2018年到2019年这一年间增加了1倍多。2018年，亚马逊改进了Alexa理解用户请求和回答用户问题的能力，增加了数十亿美元的投入，使得Alexa比以往更有“见识”。与2018年相比，2019年Alexa与用户交谈的次数多出近百亿次。

云服务，无论是基础设施服务、软件平台服务还是生意平台服务，都正在不断地拓展消费的边界。

03 “数字移民共和国”

数字新大陆正在崛起。数字新大陆的世界观极其宏大，每一个app，每一个小程序，都是一个“数字移民共和国”。

在未来的数字新大陆里，所有的实体经济体、电商经济体和社交电商经济体的未来终极秘密都是“数字移民共和国”。

比如，Costco（开市客，美国最大的连锁会员制仓储量贩店）是一个实体经济体，也是一个“数字移民共和国”，它的每一个用户都是数字化消费者，它的数字移民都是会员消费者。2019年，Costco已经发展超过9850万用户，近1/3的美国人成了它“数字移民共和国”的用户，会员的ARPU值约为1550美元，且留存率达87%以上。所以，在Costco的“数字移民共和国”里，我们看到这样一个模型：以经营用户关系为基础，以全场景围绕美国新中产阶级家庭的中高端市场。

在中国“3公里经济商圈”[①]内共计约有680万家小店，他们未来的命运会是什么样？截至2020年年底，兴盛优选打破了传统的社区团购模式，建立了50万个社区小店的私域流量池，发展了超过5000万的数字移民，2020年GMV超过400亿元。而另一家企业——汇通达，它在农村人口密度最大的乡镇建立自己的“数字移民共和国”，已经有1亿相对富裕的数字会员，其2020年的GMV超过3500亿元。[②]

我坚定地相信，这是未来企业的生存模式。想要生存，就必须在数字新大陆上立足。企业生存状况如何，取决于有没有一个真正服务某个核心人群的“数字移民共和国”，这是我们对未来的终局判断。

GDP 新算法

无论是实体经济体还是电商经济体，未来的命运都是成为“数字移民共和国”。按照“数字移民共和国”比喻的延伸，用户数量就是国民人口数，而企业的销售额则是这个共和国的GDP。这一新型GDP的算法不再是传统GDP的计算方法，而是一套基于人口的新算法。

① 指以居民生活区为中心，方圆3公里范围内形成的商圈。

② 数据来源：https://baijiahao.baidu.com/s?id=1693352423031210521&wfr=spider&for=pc

$$GDP=人口\times留存率\times ARPU$$

此时，企业家要有政府首脑的思维，按基于人口的GDP新算法来思考。每天都要回顾前一天制定的策略，反思是否改变了人口、留存率和ARPU这三个指标。

每一个企业都能被打造成一个“数字移民共和国”。即使人口很少也可以做到，并通过提高ARPU值来提高GDP。

“数字移民共和国”的移民包括人类数字移民和机器人移民。拥有越多机器人移民的公司，价值将越大。将来，配备自动驾驶技术的特斯拉汽车，可以在主人睡觉时，投入Uber（优步，一款打车应用）甚至自建的网约车网络，等主人一觉醒来，汽车可能已经赚了500元。人类消费者身处SoLoMoMe新格局，这是一张最难拼的消费者流量拼图，世界上还没有任何一家公司能够完成这张消费者拼图。

每个用户都是一个小的经济体，一个人也许就是一个“数字移民共和国”。KOL、KOC的每用户平均收入越来越高，也许作为个人，他们的ARPU不到10万，但是每个人的消费影响力、社交圈影响力却“价值连城”。2020年“双十一”之后，薇娅的淘宝直播间粉丝量已经破3700万。拼多多、小红书、哔哩哔哩，抖音、快手和淘宝直播，促进了网红经济的崛起，打破了传统个体户的经济逻辑。他们的单客总毛利新算法是这样的：

单客总毛利=（单客传播或辐射能力×客单价×消费频次）×毛利率

单客总毛利是测量数字经济体的一个很好的指标，从每用户平均收入来看，航空公司不仅喜欢一年坐两次头等舱（毛利率高）的客户，更喜欢坐20次经济舱（毛利率低）的客户。

根据今日网红数据，2020年10月20日至11月8日期间，淘宝直播排名前20名的主播贡献了183.7亿元的销售额，其中薇娅一人销售额高达84.2亿元，李佳琦紧随其后，销售额为63.2亿元。薇娅一天产生的销售额，堪比一个上市公司一年的销售额，2020年“双十一”预售期间，薇娅的直播间就有1.62亿的观看量（观看量为直播平台统计数据，不等于人数），累计直播带货1310件商品，带货成交额达53.2亿元。

如何收割SoLoMoMe新格局形成的红利？它的新世界观、新经济制度和新底层逻辑到底是什么？

新零售的本质就是要从传统时代的“经营货”理念过渡到新时代的“经营人”理念，它将在消费者的时间、空间和需求三个维度上全面展开。

2019年5月初，我在西雅图拜访亚马逊公司时，最令我感到震撼的是亚马逊公司的目标：成为地球上最以客户为中心的公司！亚马逊值钱的生意除了平台和亚马逊云服务，还有Prime会员服务。截至2020年3月份，亚马逊付费Prime会员数量增加至1.18亿，打破历史纪录。

在美国，拥有亚马逊Prime会员的消费者需每月支付12.99美元，或者每年支付119美元即可享受多种产品加急运输服务和多种特权服务。从亚马逊的GMV收入贡献来看，Prime会员ARPU值为1300美元，而非会员只有700美元。2019年，亚马逊仅Prime会员费及相关服务收入总计192亿美元。

而那些以经营传统消费品为主的公司在ARPU值方面的提高则相对有限，如可口可乐公司。可口可乐曾有一位CEO，他要求公司的高管们统计一下消费者购买的各种液体消费品占比情况，结果发现可口可乐的品类太少了，接下来他们做了很多品类的扩张，但是ARPU值方面没有得到根本的改善。

数字经济体的GMV就是“数字移民共和国”的GDP，靠机器赚钱的公司会产生更高的GDP。如果能够突破时空和需求的限制，就可以拓展更宽阔的疆土。

苹果税：“共和国商业模式”

2017年前，巴菲特从来不投资高科技公司。众所周知，巴菲特在2017年首次公布建仓苹果公司，2019年，苹果的股票在巴菲特的整个投资组合里面占比近20%。当时，巴菲特持仓苹果超过400亿美元，占苹果股权近5.7%，成为苹果大股东。

巴菲特为什么会重仓持有苹果股票？2019年5月，我和全球各地4万多名“巴粉”相聚在奥马哈体育场，参加巴菲特股东大会。在黑压压的人群中，89岁的巴菲特先生和95岁的芒格先生热情、睿智地回答了现场股东们的50多个问题，大会持续了近6个小时。

我坐在4万多人的体育场里面沉思：巴菲特这50多年成功投资的逻辑到底是什么？巴菲特曾发誓说："我们不会投资高科技公司，它们特别容易昙花一现，况且我不懂高科技公司，它们不在我的能力范围之内。"但他为什么后来投资了苹果、亚马逊这些高科技公司？

如果研究巴菲特的投资组合，我们会发现其具有高度的一致性，即在不确定性中追求长期的确定性。

巴菲特最喜欢像"早上醒来太阳一定会升起"一样的具有长期确定性、有可重复收入的业务线。无论是可乐还是糖果，无论是铁路还是苹果、亚马逊，在我看来，它们都属于具有长期确定性的业务，属于正弦波形的业务[①]。

有这样一个故事解释了当时巴菲特为什么青睐苹果公司。据说，巴菲特好久没有见到自己的孙女，这一天他请孙女一起吃饭。用餐时，巴菲特想和孙女多聊聊天，但孙女总是有一搭没一搭地回应他，巴菲特发现，孙女大多数时间都在看手机，不知道跟谁在Instagram、Snapchat或Facebook上聊天。看着孙女一会儿把手机拿起，一会儿又放下，巴菲特意识到，年轻人每天可能有好几个小时都沉浸在手机里面。

突然，巴菲特感觉到：苹果是一家消费品公司，它最大的消费品就是app，消费者每天会花大量的时间用来消费app。从此，巴菲特不再把苹果

① 指这种业务有高度的确定性，销售曲线就像正弦波一样稳定，可以预测未来的收入。

看成是一家销售硬件和软件的公司。

今天，app是占据年轻人时间最多的消费品，乔布斯创造了世界上最大的app商店，数百万程序员正在进行开发，以为这个商店提供更多的“商品”。苹果应用商店里的上百万款app基本覆盖了人类工作和生活的所有场景（如财务、工具、商务、新闻、图书、美食、音乐、社交、摄影与录像、购物、教育、旅游、游戏等）。

2019年，苹果应用商店的市场GMV超过542亿美元。苹果作为平台，从中抽成30%。这30%就相当于交给苹果公司的“税”，它为苹果公司贡献了超过150亿美元收入，但边际成本基本为零。

如果把苹果公司看成一个“数字移民共和国”的话，其人口已经超过8亿人。但在这个经济体里面，其ARPU值还不到70美元，仍有很大的增长空间。

苹果CEO库克曾经宣布，他将在服务app产品线方面，加速业务矩阵的布局。从刚需产品的云服务、app和新闻市场，再到消费品。这样的矩阵布局下，苹果的ARPU值一定会实现阶梯式的上升。

2019年4月初，苹果音乐（苹果音乐app）的付费订阅用户已经超过了5600万。2019年第二季度，苹果音乐服务生态内的订阅用户数达到3.9亿。这项数亿用户级的业务已经成为苹果公司一剂新的、长期确定性的、盈利增长的催化剂。

芒格曾说过：“我们在投资苹果公司上所取得的胜利，也许能弥补错过谷歌的损失。”

用户资本主义

在生产资料稀缺的时代，资金和人才所创造的价值最大。这是在古典资本主义和技术资本主义之下，人类社会得出的最大共识。但在一个生产资料充裕时代，用户创造的价值更大，世界必将开创用户资本主义的新时代。

如果说当年荷兰人发明的股权制度让所有股东公平分配利润，硅谷的创业者发明的期权制度让所有员工公平地获得自己的劳动果实，那么利用区块链思维建立的币权制度，则制定了所有用户参与企业成长的制度。币权的核心是通证（Token）①，它可能是趣头条的金币，也可能是享物说（一款用户可以互换闲置物品的app）的小红花。

从“资金是资本”“人才是资本”到“用户是资本”的改变是人类财富分配和价值创造的价值观的最大改变。用户资本主义在区块链思想的照耀下，应运而生。一大批愿意和用户公平分钱的Dapp（去中心化应用）区块链新物种或超级物种将如雨后春笋般涌现。

① 通证是区块链中可流通的凭证，具有使用权、收益权等多种属性。

用户资产

通证在用户资本主义时代扮演非常重要的角色。作为用户的期权，连接用户的社交资产，它拥有六大价值：记账、激励、留客、定价、裂变和增长。

未来会形成两个重要的经济体，一个是“古典经济体”，即按照公司股份制运行的古典资本主义；另一个是未来的“数字经济体”，即所有的实体经济体、互联网经济体，它们的运行基础都是币权通证制度。

从股权到期权再到币权，区块链思想引发了第三次生产关系的革命。如果AI带来的是第三次生产力革命的话，那么区块链给我们带来的新币权制度就正在悄悄改变这个世界。

享物说引入了币权制度——小红花体制。每个用户在享物说做的每一件事情，都能进行货币化。比如，送书可以获得200朵小红花，发表评论可以获得10朵，对产品进行反馈可以获得28朵，邀请新用户可以获得30～50朵，新用户下载app可以获得200朵等。

通过这种币权制度，享物说将消费者所有的价值，如社交价值等，统统用小红花进行记账、定价。

今日头条、快手、趣头条等各大app相继建立一套以金币为基础的新币权制度，试图把用户资产货币化。

比如，在今日头条app上，用户每花费1小时浏览新闻就可以获得10金币；写优质评论，可以获得2倍金币；用户拉新用户、唤醒好友，可以获得1000金币；用户每阅读30秒文字内容，可以获得10金币等。

通过金币体系，用户在今日头条上做的每一件事情都能获得奖励。但是如果没有AI的帮助，用户也不可能有沉浸式的体验，每天坚持阅读30篇文章。

区块链思想：和用户公平分钱

股权制度让出钱的资本家成为股东，期权制度让高级人才成为股东。现如今让超级用户甚至活跃用户成为股东的币权制度正在流行。现有的股权和期权制度无法让几百万甚至几千万、上亿的用户注册成为企业股东，但逐渐成熟的区块链技术完全可以让所有用户成为事实上的企业股东。区块链账本的不可抵赖和不能窜改等特性确保了以太坊、企业操作系统以及国内互联网平台公司、数字经济体开发的很多公有链，能够为成千甚至上亿的用户登记股东身份。

在中国，三线及以下城市有10.27亿人，这是一个没有被满足的市场，其中有着巨大的商业机会。今日头条在这一市场上的内容推荐聚焦于搞笑、娱乐、养生和生活方式。它设计了基于通证经济体的金币系统，用户在今日头条获得的金币，最终都可兑换为人民币。

并且，今日头条的每一名用户都有自己专属的邀请码，可以借此推荐朋友成为今日头条的新用户来获得奖励。自2018年以来，1000金币可以兑换约0.5元，假设完成全部新手任务，用户至少能获得3.5元现金奖励。

以前，使用这种方式最多的是社交电商拼多多，它借助微信的生态，采取拼团购物返提成的方式，绕开阿里巴巴的电商平台吸引用户，成长为新的“独角兽”。

04 产业路由器

产业互联网的抓手

如今，每个万亿级市场的增速都在放缓，我们已经进入一个存量经济时代。如何突破存量经济时代的增长瓶颈？有以下三个模式：

杜月笙模式

好比杜月笙在上海滩的帮会组织与革命党人、日本侵略者不断周旋，凭借自己的力量一步步获得成功。今天大部分企业家仍然信奉类似杜月笙经营理念的粗放增长模式。在讲究产品驱动、致力于产供销一体化等方面，这些企业家都是单打独斗，单靠自己去做流量、研发产品、开发渠道、整合供应链。但现在，杜月笙模式碰到了同质化的困境。如今，产品、渠道、营销和社交方式都逐渐同质化。微博、微信、抖音、快手等直播模式也在快速同质化。在信息社会，企业大部分时间面临的是红海，即便跨入蓝海，随着跟随者的集聚增多，蓝海也将很快变成红海。

摩根模式

20世纪初，皮尔庞特·摩根用资本整合了美国的铁路市场，并且最终在美国的铁路公司中控制了近70%的市场份额。摩根使用资本整合的做法在20世纪初商业进化史上是常态。但在中国，用资本整合存量市场会碰到的最大难题不是资本不雄厚，也不是并购后的整合能力不强，而是碎片化困境。因为中国大量万亿级的市场都是碎片化的。即使某个企业家有强大的资本去收购这个行业的前100强企业，并且100%成功整合，他控制的市场份额可能也只有10%左右。

产业路由器模式

杜月笙模式和摩根模式是一种线性思维，线性思维造就了线性组织。线性思维的特点是认为过去的做法可以复制到新的国家、市场、区域和产品线。如农民种地一样，现在1亩地1年能产1000斤粮食，如果想要收获1万斤粮食该怎么办？摩根的做法是再买9亩地，而杜月笙的做法是再抢9亩地。按照这种线性思维运营公司，公司只会线性增长。就像一家重资产公司损益表上收入与成本的关系，收入增长10倍，成本也会同步增长7～8倍甚至12～13倍。那有没有新的模型能够突破杜月笙和摩根这两种模型呢？答案是肯定的，这个新的模型叫产业路由器模型。

产业路由器是指在需求端把流量池中大量闲置的、头部的、碎片的用户资产整合起来，在供给端把流量池中大量闲置的、头部的供应资产整合起来的一种产业合作模式。通过闲置资产的共享，产业内形成了最深的价值洼地。未来会不会在每个产业都产生这种真正的共同体企业集群？要形成共同体，其前提是要整个产业都形成利他共识，只有公平分享市场和利润的制度建立后，这种共识才能建立起来，大家才愿意一起建设产业大坝，才愿意把大量的闲置资源共享出来，最后形成一个共生的经济共同体。

从共识、共建、共享到共生，在产业互联网时代，产业路由器这个利他的模式，正在成为电商模式之后最具有指数增长能力的新商业模型。

一切皆服务：从 SaaS 到 XaaS

以提供XaaS数字基础设施赋能的产业路由器平台型公司，正在每一个行业里创造强大的产业共同体生态。而这一生态下的互联网效应正在形成垄断性的财富和黑洞效应。

XaaS及货币化

产业互联网的春天来了，“XaaS”中的“X”可以是人类经济的一切活动，无论是提供IaaS（基础设施即服务）、PaaS（平台即服务）、SaaS（软件即服务）、FaaS（金融即服务）、LaaS（物流即服务）、BaaS（交易即服务），还是DaaS（数据仓库即服务）、AIaaS（人工智能即服务）、RaaS（机器人即服务）等。在每一个产业，XaaS就像一个加速器，不断地提升产业整体效率。

各大软件公司或平台公司的财报显示，从“IaaS基础设施”到“XaaS云基础设施”，货币化能力都是不一样的，分别为——

DaaS：按需付费（根据数量与计算时间支付费用）或套餐；

SaaS：0.3%；

PaaS：1%；

AIaaS：3%；

RaaS：2%~80%；

BaaS：高频、刚需、海量品类3%~10%，“三低”（低频、低需、低量）品类20%~30%；

LaaS：1%~2%；

FaaS：0.5%~1%。

产业路由器将成为产业互联网的新抓手，将产业链的上游、中游和下游整合起来，打破产业边界，穿破利益分割的重重壁垒。产业路由器加速重构全产业链，大大提升全产业链的快速反能力。日本的7-Eleven公司通过利他的产业路由器，利用不赚差价、不赚交易佣金、不赚通道费、不赚流量分发的广告费等措施，打造了一条没有收费站的产业高速公路和快消品的产业共同体，创造了最深的价值洼地，汇集了2万个夫妻店、178个工厂和159个物流中心。他们一起结为利益共同体和命运共同体。先利他，再利己，7-Eleven公司在2020年创造了3202亿元的GMV，完成约定毛利指标后，它通过毛利分成让小店、工厂和物流中心分享了大部分的利润，但其最终也获得了108亿元的净利润。只有近9000名员工的7-Eleven公司人效却突破120万元，这一数据甚至比肩阿里巴巴。①

国内的汇通达也打造了新农村产业共同体。它在农村市场汇集了2万多个乡镇的13万多家夫妻店，其2019年的GMV已经突破3000亿元。另一家企业大搜车打造了汽车产业共同体，它汇集了全国60%以上的汽车零售商，其中包括全国9500多家4S店、8万多家新车综合经销商和10万多家二手车商，且还为宝马、沃尔沃中国、东风英菲尼迪、上汽、通用、五菱、吉利、长城等10多家汽车厂商提供了数字化解决方案。大搜车2019年的GMV突破4000亿元，获得了巨大的成功。②

① 数据来源：https://www.7andi.com/en/ir/library/mr.html

② 数据来源：https://www.7andi.com/en/ir/file/library/kh/pdf/2020_0409khe.pdf

产业路由器模式的分类

在这个体系里面，我们提出了4种产业路由器模式：

第一种模式是交易路由器（b2Factory、b2Farm），指将产业链的成千上万家需求方（b是指零售终端，如社区小店、各种品类的专营专卖店、各种零售业态的零售店、服务网点等）和供给方（Factory、Farm指有巨大闲置产能的各大产业集群带的工厂或农业产区的农场，当然也包括有大量闲置库存的各类零售终端）连接起来。

第二种模式是交付路由器（b2Fulfilment），指将产业链的成千上万家需求方和履约方（Fufillment指有巨大闲置产能和交付网络覆盖的前置仓、运输公司、企业物流公司或第三方物流，当然也包括有大量闲置库存的各类零售终端的自提点）连接起来。

第三种模式是流量路由器（b2Flow），指将每个产业流量需求方（b指极度缺乏流量的中小企业和刚创业的DTC[①]品牌，以及流量已经出现增长天花板的大企业、电商平台等）和流量供给方（Flow）连接起来。这里的Flow指拥有庞大公域流量池和大量闲置用户资产的新媒体、内容平台、电商平台或产业互联网平台（在全球如Facebook，Twitter、Instagram，Pinterest、TikTok，Snapchat、Amazon等；在中国如微信、微博、今日头

① DTC（Direct to Consumer），即直面消费者。

条、趣头条、抖音、快手、哔哩哔哩、小红书、阿里巴巴、京东、拼多多等），以及拥有各种碎片化的、高流失率的私域流量池（如中国线下的680万个传统便利店和3万多家MCN[①]机构）连接起来。

第四种模式是金融路由器（b2Finance），将产业链的成千上万家资产方（b指资金需求方，产业链每一个节点都会有资金需求）和资金方（Finance指资金供给方，如有牌照的、有闲置资金的金融机构、银行、基金、供应链金融公司或大企业）连接起来。

这4种路由器模型最终会打破线性增长模型，因为它们可以形成黑洞效应。产业路由器团结了产业内的所有参与方，它们的参与度和共享程度越高，最终的规模就越大，规模越大成本就会更低，慢慢地效率也会提高，从而吸引更多参与方加入。在这种模式的推动下，企业就从“处处是敌人”的同质竞争时代走了出来，进入了“处处是朋友”的新时代。

① MCN（Multi-Channel Network）是一种多频道网络的网红经济运作模式。这种模式将不同类型和内容的PGC（专业生产内容）联合起来，在资本的有力支持下，保障内容的持续输出，从而最终实现商业的稳定变现。

05 “数字移民共和国”的使命

在互联网时代，世界不再是地缘政治下国与国的拼图，而是由信息基础设施连成的一张网。“数字移民共和国”的核心使命就是要为每一个产业建立国家级别的数字基础设施，每个产业的产业路由器都将成为连接产业链上游、中游和下游的超级枢纽，每一个超级枢纽都是一个超级节点。

对于一个国家来说，重要的不是其地理位置或人口规模，而是其互联互通程度，即在地理互联、经济互联、数字互联层面上是否深度参与全球资源、资本、数据、人才和其他有价值的资产流动。

“城市大脑”成为数字时代的基础设施

美国经济学家帕拉格·康纳创作的经济理论著作《超级版图》中提

到："城市是人类最长久和最稳定的社会组织节点，帝国和民族有兴衰，但许多城市却始终存在。"例如，尽管拜占庭帝国和奥斯曼帝国都已经烟消云散，但其首都君士坦丁堡，即现在的伊斯坦布尔，依然是欧亚商贸和文化交流的中心。伊斯坦布尔这座城市的辐射半径甚至超越了此前帝国的疆界。城市是人类发展的基础设施，也是从太空中可以看到的最明显的人类文明成果。最早的村落变成了城镇，然后又慢慢变成了超级城市和绵延数百公里的城市带。1950年，全世界人口超过1000万的超级大城市只有两个：东京和纽约；到了2018年，全世界的超级大城市有33个；预计2025年，至少有40个城市人口超过千万。

城市是人类最伟大的发明，根据联合国发布的《世界城镇化展望》，预计到2050年，全世界将有近70%的人口居住在城市。

"城市大脑"就像道路、水电一样，将会成为数字时代中一座城市最重要的基础设施。杭州的"城市大脑"从城市交通治理突破，2017年10月，杭州"城市大脑"正式接管杭州128个信号灯路口，试点区域车辆通行时间减少15.3%，市内高架桥的通行时间节省4.6分钟。在主城区，"城市大脑"还可以视频实时报警，准确率达95%以上。一年后，杭州"城市大脑"2.0版又将"治堵"范围扩大了28倍，多少辆车在路上跑，哪个路口拥堵，哪里发生了交通事故，通过"城市大脑"的调度大屏，杭州420平方公里城区的交通状况可实现"一键触达"。

此后，杭州市政府各部门可以通过"城市大脑"中枢系统的数据融通，有效调配公共资源，用全新方式服务民生。"城市大脑"打通政务、社会数据资源，以数据驱动城市治理，以城运中心为载体，通过对综合数据的智能分析，综合运用大数据、云计算、人工智能等技术，与物联网、视联网、数联网等感知平台对接，建设完善“神经元系统”，判断出问题的症结所在，然后迅速对症下药。

今天，阿里巴巴的“城市大脑”，腾讯的Wecity（未来城市）、华为的智慧城市、海康威视的智慧城市、浙江大华的城市之心等都积极地参与到这场城管系统浪潮之中。他们将AI科技等现代技术与古老的城市管理经验结合，并运用于城市的治理。短短3年时间，代码与服务器构建起了一座座虚拟的“罗马城”。

新零售的数字基础设施

在2010年以后，阿里巴巴从一家传统的电商公司逐渐转变成了一个以数据为中心的集团公司。它依靠其庞大的电商平台、金融服务以及物流生意产生的巨量交易数据，向云计算、大文娱及其他O2O[①]服务平台转战。

淘宝的大数据背后有一个叫作飞天AI的平台。这一平台与飞天大数据平台、达摩院[②]构建起数据、算法、计算的 AI生态闭环，更好地为开发者服务，为客户创造价值。2010年，每个用户的淘宝推荐页面都是一样的。

① Online to Offline，指将线下的商务机会与互联网结合。

② 达摩院是阿里巴巴旗下的一家科研机构。

2013年~2015年期间，阿里巴巴开始尝试“千人千面”，让每个用户的推荐购买页面呈现个性化定制。到2019年，阿里巴巴不仅做到了“千人千面”，甚至同一件商品会有上千种不同的视频封面。个性化消费必将成为所有零售（包括电商）企业的新战场。阿里巴巴无疑走在了时代的前列，如果我们经常使用手机淘宝app，就会发现个性化的页面越来越多，而且推荐商品的广告越来越精准。2019年，淘宝的个性化推荐已经在平台的各处均有体现，如搜索栏里预设的搜索关键词、有针对性的推荐页面、“猜你喜欢”板块的应用等。

人工智能赋予阿里巴巴“新零售大脑”，让消费者拥有个人专属的淘宝商品推荐，真正做到了“千人千面”。阿里巴巴的“电商大脑”为所有用户提供全面个性化体验，最大的特点是“在线+实时”。淘宝“双十一”活动期间，阿里巴巴的飞天AI通过机器学习自动生成近千亿次个性化展示，智能决策引擎分秒不停地自我迭代，每次点击背后都是海量的计算和万亿级智能匹配。

智能物流枢纽

分布式物流

在未来，我们是否能够借助AI、区块链这样的技术，构建共享实物资产、数据资产，资产透明化、公正化地分布物流网络呢？

通过物流路由器，这一切是有可能逐步实现的。同时，我们可以引进区块链通证机制，把产业链上的所有共享仓、分销链条线上的所有分销商和小店的库存资产通证化，形成数字资产。通过“AI配对＋区块链通证＋IoT全程监控”，把包括工厂、分销商、零售终端在内的分销网络和闲置的库存、仓库、运力共享起来，在全国打造一个30分钟、2小时、24小时、48小时等不同运输节奏的分布式物流网络。这一物流网络包含以下3个重要部分，也被称为“三级高速缓存仓”：

（1）产区枢纽：在长三角、珠三角、京津冀、中部地区的产业集群带建立低频全品类的共享仓，甚至在其他国家的一些主要港口，也可以设置类似的共享仓，实现48小时配送。

（2）销区枢纽共享仓：在全国24个人口千万级大都市圈分别建立销区枢纽的中频次长尾商品的共享仓。各级代理商可以根据自己的销售节奏，在共享仓里建立自己合适的库存，实现24小时配送。

（3）门店型前置仓：中国幅员辽阔，社区小店和商业区的街边店星罗棋布。在这些小商圈里面，可以将现有门店的品类结构进行优化和扩充，改造成30分钟至2小时就能相互调货或共享的分布式配送驿站，形成分布在全国零售网络的高频商品的共享仓。

如果按《枢纽：3000年的中国》一书的作者施展的预期，全球中低端制造业向中国转移是终局性的，那阿里巴巴的“菜鸟网络”投资1000亿元甚至数千亿元打造的中国智能物流骨干网，显然将成为这场全球格局的重要枢纽和超级节点。

在未来，菜鸟网络将通过建立物理的、数字化的连接，在人类社会从工业文明走向智能文明的过程中创造新的社会基础设施，用新的方式去运营一个社会化的协同网络。而这也将使阿里巴巴菜鸟网络成为商业文明枢纽的梦想成为现实。

阿里巴巴前副总裁曾鸣教授在《智能战略》书中说："人工智能时代的协同效应，所有的这些技术变革，不仅仅是对其中一个环节、一个步骤的改变，最终的趋势是推动整个产业从一个封闭的供应链体系走向一个开放的社会化协同的体系。"经过5年的升级迭代，菜鸟网络已经变成了一个超级系统。在中国，菜鸟网络形成了七大全国性仓配网络枢纽，协同仓储面积峰值达3000万平方米，当日、次日达服务覆盖的区、县达1500个，快递平均时效从5年前的4天到现在的2.5天，有超过3000个合作伙伴。在国外，菜鸟网络已经铺设到224个国家和地区，建立231个跨境仓库。

随着菜鸟网络的物流节点越来越密集，用户的服务体验也在升级。比如天猫的"一小时达"服务，底层是密集的前置仓，可以让生鲜水果行业实现"分钟级送达"的服务体验；菜鸟网络和屈臣氏门店的合作，让"线上下单、楼下取货"变成现实；盒马鲜生在某种意义上也是分布式物流在"打通最后一公里"上演绎出来的新业态。

智能供应链物流

京东物流充分发挥了全球智能供应链基础网络的优势，2018年11月1日“大促”开始，截至11日24时，超过90%的京东物流仓配一体服务订单实现了当日达和次日达。苏宁物流相关负责人也表示，凭借自建的物流体系和科学的发货方式，大大降低了爆仓的可能性。2018年“双十一”期间，苏宁小店线上订单即时配送服务的平均送达时间只有18分钟。

在供应链物流方面，阿里巴巴也加快了人工智能的部署。人工智能算法不仅可以实时监控预警网点，协同快递保障安全，而且确保了能够快速发货到消费者手中，这意味着供应链上的总成本和总库存通过共享物流的普及而开始下降。

根据菜鸟物流透露的数据，2020年11月11日23点，“2020天猫双十一全球狂欢季”实时物流订单量破22.5亿单，约等于2010年全年中国快递量的总和。随后，11月12日凌晨，实时物流订单总量达到了23.21亿。

海量包裹高效送达的背后，不仅是中国快递物流业数字化、智能化的全面升级，而且也和数百万辛苦的快递员密不可分。菜鸟网络正在全力打造智能物流骨干网，协同全行业合作伙伴，普及电子面单和智能分单，推进智慧供应链、智能分仓，帮助快递员更快更好地配送包裹，让每一个包裹能更快送达消费者手中。

菜鸟网络的智能仓库全面升级，使菜鸟大仓实现了从订单下发到包装出库的全流程自动化：

（1）AGV[①]智能仓储机器人矩阵系统：菜鸟网络开发的AGV机器人可以自动识别拣货区域，载着拣货车到指定货架前。AGV系统由中央系统控制，几百台机器人同时工作，实现机器人之间、机器人和人之间的无缝对接。

（2）360度拣选机器人：如果一个消费者购买的商品被分到了多个周转箱中，这些箱子会自动流向缓存机器人。等货物配齐后，360度运行的拣选机器人会从多个缓存箱位中把该周转箱放到流水线上。

（3）“播种”机器人：“播种”机器人分布于流水线两侧，通过真空吸盘把周转箱里的货品转移到拣选周转箱内，再通过输送线送往自动包装区域。

货运代理的数字基础设施

海运是全球贸易的基础服务，目前90%左右的全球贸易靠海运完成。相比于公路运输的“车”和“货”两端市场的完全开放，海运仍属于不完全开放的市场，且物流方式极度复杂，进入门槛较高。由于新冠肺炎疫情、贸易摩擦等客观因素，远洋航运的供应链过于漫长且充满不确定性。

① AGV（Automated Guided Vehicle），通常也称为AGV小车。指装备有电磁或光学等自动导航装置，能够沿规定的导航路径行驶，具有安全保护以及各种移载功能的运输车。

与国内物流相比，国际物流（包括跨境电商）涉及进出口国两地的运输，海运的运输链长、环节多，各国监管政策复杂，而且海运需要由所有链条上的参与方共同协作完成，包括发货人、收货人、运力方（拖车、船公司、航空公司）、码头、海关，以及在其中为收发货人提供代理服务的货代、报关行等。由于上述种种原因，海运有效率低下、价格不透明、物流信息可视化程度低等问题。

运输链条的稳定性非常重要，它需要由链条上的每一个角色共同协作完成，所以跨境物流运输链条必须全程可视和可控，任何一个环节都不能掉链子，否则企业将会有巨大的损失。因货运代理行业各个节点仍然处于信息孤岛阶段，所以拥抱产业互联网，完成数字化转型，提升对供应链的全程控制力，保障行业利润及整体健康，实现全产业链条的数字化的任务迫在眉睫。

货运代理行业的全球市场规模约2万亿美元。货运代理的使命就是把不同的环节联合在一起，承接收发货人需求，串联各环节的连接方，提供垫资、手续代办、订舱/车等一系列服务。目前该行业集中度极低，例如，全球船运代理排行前20的企业加在一起的市场占有率不到10%，其中最大的企业市场占有率仅有2%～3%。而且，行业信息化应用程度较低，国内外货代的运货、备货的操作过程依然非常传统，各个地区的代表还在通过电话和邮件来对接工作，损失了大量的时间和生产力。虽然货主有很大的定制化需求，但由于货代企业过度依赖人力，服务效率和组织管理效率都不尽如人意，较难实现规模化扩张，营收也难过亿元大关。①

2013年，Flexport诞生于美国硅谷。这是一家以数字技术为基础的科技型货运代理公司，主要经营“端到端”的全程货运代理服务。它专注于国际货运代理，服务覆盖海运、空运、卡车、铁路货运、仓储、海关和贸易咨询、融资以及保险等。2019年，Flexport获得了由SoftBank Vision Fund（软银远景基金）领投的10亿美元投资，这笔投资旨在帮助Flexport实现其货运代理雄心勃勃的增长计划。在跨境物流这个慢行业里，Flexport只用了6年时间，就使得其估值突破32亿美元。②

在此之前的几年内，Flexport的营收以每年2～3倍的速度增长，2018年总收入达到近4.41亿美元。2018年4月，Flexport获得顺丰速运领投的1亿美元融资。顺丰联合Flexport推出“端到端”的国际海运服务，共同助力中国企业进一步拓展海外市场。双方将充分发挥彼此优势，拓展跨境B2B业务能力，联合海运产品覆盖中国内地和香港地区运往美国和欧洲的主要港口。顺丰创始人王卫公开表示：“顺丰未来将致力于提供综合物流服务，所对标的不仅是4000亿传统快件配送市场，而且也是12万亿大物流市场。”③

---

① 数据来源：《顺丰投资的硅谷科技型货代Flexport，正在加速开拓中国市场》，https://baijiahao.baidu.com/s?id=1647348882696475654&wfr=spider&for=pc

② 数据来源：《Flexport飞协博喜获10亿美元融资：我们前进的三大法宝》，https://mp.weixin.qq.com/s/GVkdbuVBQ0SQKXmZmjkElQ

③ 数据来源：《顺丰联合Flexport推出国际海运服务》，https://www.iyiou.com/breaking/28494.html

货代产业互联网平台

Flexport的创始人希望将企业打造成为全球货代行业的产业互联网平台。Flexport建立了第一个全球贸易操作系统，这是一个结合技术分析、物流基础设施和贴心专业服务的战略运营模式。

Flexport没有物流部门，是货运界的“Uber”。它连接起109个国家或地区的上万家客户和300多个供应商（买方和卖方），包括成熟的全球品牌和新兴品牌，并为其提供全方位的货运代理服务。需求端的客户主要来自欧美国家及地区有进口需求的零售商和制造商，履约端的供应商包括当地的卡车公司、物流中心、航空公司、海运公司和其他货运代理商。

2018年，Flexport已为超过1.5万家客户运输货物，运输商品的总价值超过38亿美元。

实时协作

Flexport系统将全球贸易的所有参与者都连接到同一个平台，包括进口商、出口商、海运承运商、航空公司、仓库、卡车运输公司和海关经纪商。而且Flexport系统能将繁杂的流程效率化、透明化，将国际货运、代运的环节全部打通，实现全程电子化、可视化，实现供应链全程的透明度，告别传统货运代理所使用的无尽的电子表格、邮件，也免去了很多麻烦。

海运、空运、地面运输、海关等客户可以通过Flexport系统完成国际货运、代运所有的事。

Flexport在创办早期，推出了专门服务于货运的云软件和数据分析平台，为用户提供强大的信息和操作支持。彼时，Flexport把自己定位为互联网时代的货运代理商，提供空运、海运、卡车运输、仓储及配送、报关、货物保险等服务。他们从软件切入，在线上将电子邮件、电话、纸质文件和电子表格的填写及盖章等环节均免费进行数字化。简化跨境货运操作的流程，帮助客户在供应链管理上节省时间和成本。线下则集合人工管理提高服务质量，用户可以在Flexport平台获得准确的货物保价和在途货物的实时位置及状态。同时，该平台还为客户提供供应链的大数据分析，为客户提供更好的SKU追踪及发货安排。该公司通过航线、运费、交易速度和海关合规数据分析来规划运输方式，提供每一部分的报价，并考虑将每个环节数据同步生成的报表纳入物流成本优化考虑当中。

此后，Flexport建立了统一的数字化平台，将汇集的供应链上下游的所有成员以及操作流程和文件数据化，并能够根据历史数据对于一些常规条目自动输入。Flexport拥有高度可视化的货代线上平台，并可提供“端到端”的全过程、全链条服务。

供应链越长，偏差越严重。人工操作往往会带来效率低下等问题。在过去，每当被问及货物状态时，货代大多会将货物延期的责任推卸到海关及安检等部门身上，于是货主常会听到诸如“清关没完成”“货物还在海关”等答案，这些行为最终导致货主与货代间的信任度降低。而Flexport线上平台的可视化和实时化功能恰恰能够解决这一矛盾。

现在，所有用户都能在Flexport得到货代行业中前所未有的优质体验：“端到端”（发运地到目的地）的全程可视性、可控性，快速可靠的运输时间，以及价格透明并且可以预测供应链成本。凭借这些优点，Flexport让数以千万计的中小型跨境电商企业享受和大公司一样的低廉成本和优质服务，将跨境贸易这张“饼”越做越大。

在过去，货代从业人员接到的咨询电话，很大一部分都是货主询问货物运到哪了。而如今，用户登录Flexport系统后便能根据SKU、订单来实时追踪货物状态，并且系统会在货物出现异常情况时发出警报（比如被海关查扣）。这不仅大幅提升了流程的可追溯性，降低了人为错误的可能，还使客户能够随时追踪货物的状态，并实时与各方高效沟通。

Flexport的一位客户曾在一家货运行业媒体上表示，统一的数字化平台不仅使预订速度提升了60%，也使录入的准确率比传统时代提升了4倍以上。

智能配对

以船货匹配为例，在货运旺季，货主在提取空箱的时候，经常难以拿到他们真正需要的箱量。通常，货主会向船运公司申请多个空箱，而到了货物即将上船时，因为生产延误、包装延误等因素，无法及时让所有货物装载上船，所以会取消或者退还多余空箱，从而造成船舶空载，给船运公司带来一定损失。于是，当到了下一个“提箱季”的时候，“吃过哑巴亏”的船运公司就会给货主数量减半的空箱，而“不甘示弱”的货主又会申请更多的空箱作为应对，保障自身的权益。如此恶性循环，货主和船运公司信任裂痕不断加大。

Flexport的线上系统收集了大量买家和卖家的数据和信息，通过分析订单增长情况，可较为精准地判断客户的实际需求，从而能够提供给船运公司准确的空箱需求量。在传统货运旺季，空箱一箱难求的时候，船运公司就通过该数据比对货代公司报取空箱的准确率，从而避免损失。

赋能的平台

Flexport 致力于将自身打造为“客户物流部门的延伸”，不仅为客户提供物流基础设施的赋能，而且提供了非常专业的营运赋能和AI科技赋能。

Flexport的团队对客户的出货频率、最常选择的出货时间、最偏爱的船运公司，乃至于对卡车的运货时间等细节也“如数家珍”。比如，一个美国买家从中国苏州的卖家手中订购了一批离岸价（即“产品成本＋税金＋运输费用”）约为10美元/件的货物。当第一批货物远渡重洋到达买家手中时，买家却意外发现，竞争对手竟然以更低的价格拿到了相同的货物。此时，退货已经不可能，降价甩货又势必会带来巨额亏损。一时间，该买家陷入了进退两难的境地。随后，该买家求助于Flexport的在线系统，系统可在任何时刻，计算出任何地方的同类货物实时离岸价。因此，它可以帮助货主做出正确决策，快速回应市场竞争，避免后半部分的损失。

通过大数据和AI科技赋能，Flexport能够将对货品的追踪精确至SKU级别，比如Flexport甚至可以追踪每一个单品——即使是集装箱中的某一件不起眼的衣服，从而能够精准掌握每个单品的运输成本，识别出哪些环节仍可以降本增效，帮助客户实现更精细的成本管理。

Flexport能通过其全球贸易操作系统上的全球供应链数据网络结构，精准计算集装箱的装载量，通过其OceanMatch解决方案将集装箱中未使用的空间与其他客户的货物进行匹配。与整柜货运相比，使用OceanMatch平均能节省19%的成本。自从2018年春天推出以来，OceanMatch已为客户节省了超过 30 万美元的成本。更重要的是，此举能够最大限度地提高集装箱利用率，减少与货运有关的碳排放。①

Flexport亚洲董事总经理高学亨曾说过：“这样的做法对船运公司、客户以及货代而言是三方共赢的。我们会比其他同行多走一步，不仅关注表面问题，还会深探问题内核，找出行业‘痛点’，并借助科技手段扭转行业中的不良习惯和风气。”

① 数据来源：《限硫令将至，海运费全线上涨！船公司将这样应对》，https://cloud.tencent.com/developer/news/518507

开放的平台

现代货代能够根据平台数据了解客户的供应链和业务健康状况，从而为行业提供更灵活的资金支持，助力行业更敏捷地应对供应链瞬息万变的情况。因此，Flexport作为货代行业数字化基础设施服务平台，现在也开始开放中台API（应用程序编程接口）接口和与物流相关的很多增值服务，比如贸易金融服务、现金流优化服务、存货管理服务、产品溯源服务、质量监控服务等。

Flexport公司的愿景是通过紧密的商业网络将世界相连，不再受实体边界、疆域或政治事务的阻碍。希望所有人都可以不受实体边界、国界或政治因素而顺利地进行交易。

数字金融基础设施

移动支付之战

人类正在进入无现金社会，随着智能手机移动互联网的普及和第三方支付平台的发展，现金的使用频率在日常生活中的占比不断下降。例如，在中国，M0（流通中货币）①占M1（狭义货币供应量）②的比例从2013年18%下降到2018年的13%，而同一时段的瑞典等北欧国家的M0占M1比例甚至已经降到5%以下。目前，中国线下非现金支付主要通过微信钱包、支付宝等第三方机构或者银联信用卡等进行。

在中国的移动支付市场中，支付宝与微信支付占据了绝大部分的市场份额。这两大互联网巨头具有较强的业务创新能力，在发展新兴业务时拥有较强的业务扩张能力和变现能力。以微信支付为例，2013年8月微信支付正式上线，截至2018年第二季度，微信支付的月活跃用户达到8亿。微信支付自上线以来，至今已覆盖34个省市，共涉及超过100个行业，日均总交易量超过10亿次，共连接5000万户个体商户与商家，支付业务横跨零售、交通、医疗、教育、餐饮、政务民生等多个行业，面对面收付款已经进入人们的日常生活。

2019年9月24日，在阿里巴巴投资者大会上，蚂蚁金服董事长兼CEO井贤栋宣布："截至2019年6月，支付宝及其本地钱包合作伙伴已经服务全球超12亿用户，在2019年1月，其服务的用户数量为10亿人。"

艾瑞咨询数据显示，2019年第一季度在中国第三方移动支付市场中，支付宝、微信支付分别占据53.8%、39.9%的市场份额，而银联所占的市场份额仅为0.4%。不过银联官方在2019年公布的数据显示，银联云闪付的用户数量已经达到2.2亿人，此时距离云闪付的成立时间仅仅过去了2年。

---

① 流通中货币指银行体系以外各个单位的库存现金和居民的手持现金之和。

② 狭义货币供应量包括流通中的货币及银行活期存款和支票存款。

2019年11月22日，中国人民银行发布的“2019年第三季度支付体系运行总体情况”显示，移动支付业务量增长速度相对较快。2019年第三季度内，银行共处理电子支付业务594.64亿笔，涉及金额612.9万亿元。其中，移动支付业务272.74亿笔，涉及金额86.11万亿元，同比分别增长61.05%和31.52%。与此同时，非银行支付机构处理网络支付业务共1911.87亿笔，涉及金额63.99万亿元，同比分别增长37.01%和23.04%。

货币的数字化应用场景，全球最流行的是苹果支付、PayPal（国际贸易支付工具）、Stripe（互联网企业的线上支付处理商）、SQUARE（美国一家移动支付公司）、支付宝和微信支付等中心化的场景。排名靠前的几个国外手机支付平台当中，苹果支付的用户达2.27亿人，谷歌支付从2018年的3900万用户增长到2020年的1亿用户，而Samsung Pay（三星支付）从2018年的5100万用户增长至1亿用户。

可见，无论是国内还是国外，移动支付的流行化、普遍化是未来的一大趋势。

在“一带一路”沿线的东南亚和南亚国家，金融基础服务供给不足是普遍存在的问题之一。根据国务院新闻办转引世界银行的数据[①]，在发展中国家中，约20亿人没有银行账户，仅有10%的人持有信用卡，有贷款需求的人中仅有1/5左右是通过正规金融机构获得贷款。同时，这些国家也大多处于发展数字经济的窗口期。“泰国4.0”“金色孟加拉”等当地官

① 数据来源：《中国金融模式可在一带一路推广》，http://www.scio.gov.cn/xwfbh/xwbfbh/wqfbh/35861/36645/xgbd36652/Document/1551279/1551279.htm

方所发布的发展计划都希望本国数字经济的发展能够帮助他们的国家在综合实力上实现“弯道超车”。蚂蚁金服通过“技术输出＋合作伙伴”的模式，在9个国家和地区发展“本地版支付宝”服务，用来服务当地用户。在印度，Paytm（印度最大移动支付和商务平台）的用户数量从2015年初开始合作时的2000多万，发展到超过3亿，成为全球第四大电子钱包。如今，在印度的大街小巷中都能看到属于当地人的蓝色二维码，和中国一样随处可见的码商数量超过了1400万。2018年年底，DANA（印尼传媒集团Emtek和蚂蚁金服于2018年3月成立的合资公司）app在印尼上线，在2019年第二季度成为印尼增速最快的电子钱包，9个月内，用户数从零增长到2000万。在马来西亚，同样是“新生儿”的TnGD（移动支付平台）只用了10个月的时间即成为马来西亚使用人数排名第一的电子钱包。在马来西亚的49个电子钱包里，TnGD是目前唯一一个敢于提出“你敢付我敢赔”安全方案的。

2019年11月11日，蚂蚁金服副CTO胡喜透露，2019年天猫“双十一”支付宝自主研发的分布式数据库OceanBase每秒处理峰值达到6100万次，支付宝的支付笔数同比增长了3倍，海外线上支付用户数量同比增5倍。2019年，已有6个亚洲国家的消费者可以通过“本地版支付宝”参与“双十一”活动，这6款支付钱包都经受住了年度交易量的考验，“双十一”全天平均支付交易笔数是平日的26倍，特别是印尼的DANA和马来西亚的TnGD，“双十一”的全天平均交易笔数分别达到了平时的80倍和38倍。移动支付改变了当地普通人的生活，让世界变得更“平坦”。得益于持续创新、聚焦科技和开放平台战略的推进，2019年，在短短半年时间里，支付宝与本地钱包伙伴一起实现了相当于全球用户数20%的强劲增长。

在支付宝逐渐推进全球战略的时候，Facebook也在电子支付业务上奋力追赶。

2019年，扎克伯格曾在一篇题为《Facebook想向微信学习什么》的文章下面留言："如果我4年前听取了你的建议的话……"表达了他的懊悔。

他的"补课"方式之一是将Facebook、WhatsApp、Instagram和Messenger（通信软件）这四大产品打通，组建一个Facebook版的社交王国。其中必不可少的通用基础设施就是支付系统。

数字货币大战

货币具有价值尺度、流通手段、贮藏手段、支付手段和世界货币五大职能。数字货币在概念上也没有脱离纸质货币的一般外延。

数字货币可以分为三种：虚拟货币、可信任机构的数字货币和法定数字货币。

法定数字货币，即是具有法定地位、具有国家主权背书、具有发行责任主体的数字货币，央行发行的数字货币便是之一。

虚拟货币则是数字经济体在公有链社区发行的通证，如比特币。但比特币的计价基础还是美元。

未来，数字经济体或产业共同体生态链的主导者也可能会发行私人货币。他们拿到政府牌照后，可以以机构的名义在生态链内部发行类似数字货币形式的通证。例如Facebook联合多家机构计划发行的Libra（Facebook发起的加密货币项目），它属于有备抵资产的稳定币，其币值基于美元、欧元、日元、英镑和新加坡元等主要货币的组合，所以具有相对可靠的信誉，因此具有货币基本的价值尺度（记账单位）、流通手段（交易媒介）、贮藏手段等货币的基本特征，这些特点使其具备了超主权货币的雏形。

虚拟货币

2009年1月，比特币上市后，它作为一种特殊的支付手段开始在一些国家被应用于“衣食住行”、电商、游戏等各个场景中。比特币的底层技术——区块链，其独特的技术属性好比一台可以生产信任的机器，让比特币系统的参与用户们无中心、无中介、公开透明地进行着交易。从技术层面上来说，比特币是区块链技术第一个成功的应用，它将区块链技术的分布式记账、时间戳记录、工作量证明的挖矿机制和区块交替签名等信用自主治理技术应用到极致。与此同时，比特币作为公认的第一代基于区块链的数字货币，为用户提供了点对点、无中心化自我治理的制度安排。

由比特币这个例子，我们可以看到虚拟货币的本质特点。虚拟货币是参与者认可的等价物和支付工具，它没有合格的负有发行责任的主体，没有实体资产做支撑，也没有足够的信任背书。其交易可匿名、可跨境、难管制，甚至可能产生灰色交易，也可能成为资金流动的工具和投机交流的工具，而且其价值不稳定，投机性太重，价格容易随机地暴涨暴跌。另外，由于采用去中心化的公有区块链架构，在这种架构下的全网验证需要超大规格的数据同步，而且各个节点的运行能力还需要达标和均衡。所以，无论是比特币还是其他虚拟货币，至今尚未解决交易效率和规模化的问题。综上情况，我们国家不承认比特币的炒作和流通。

市值 10 万亿美元的公司是什么样的

据《21世纪经济报道》统计，截至3月5日，广东、云南、四川、重庆等24个省份或直辖市公布了未来的投资规划，共2.2万个项目，计划总投资48.6万亿元，其中2020年度计划投资总规模近8万亿元。

5年内七大新基建领域的总投资将接近50万亿元。其中，5G、工业互联网、人工智能和大数据中心将是重中之重。新基建将加速中国各个行业的全产业链数字化，为中国企业修建更便宜的数字基础设施。随着AI的大规模发展，机器人将无处不在，预计将会有大量AI工人代替人类接管厨师、司机、白领、蓝领工人、教师、医生等工种，人类的工作时间也许将从一周5天缩短为一周3天。

猜想

市值10万亿美元的公司到底是什么样的？

最大胆的猜想是，如果马斯克①先生的公司研究出能够穿越宇宙虫洞的方法，并向全人类提供火星移民服务，即使地球上只有1000万人愿意参加这个计划，每人每年支付10万美元会员费，其公司的GMV超过1万亿美元，那么该公司的价值可能超过10万亿美元。

最美好的猜想是，如果哪家生物科技公司能够研制出延长人类10年寿命的新科技，每年仅需支付1000美元会员费即可，估计地球上至少有10亿人愿意参加这个项目，那么该公司的GMV会超过1万亿，公司价值可能会超过10万亿美元。

最“接地气”的猜想是，有家机器人公司能够提供活泼可爱的儿童陪伴和可靠的家庭保姆服务，如果该公司能为地球上1亿个家庭提供服务，每家每年收费5000美元，其GMV也能超过5000亿美元，公司价值可能会超过10万亿美元。

最有可能的猜想是，当特斯拉无人驾驶汽车实现量产以后，Uber等网约车1.0时代或将加速转型——因为影响其一时不能盈利的核心问题就是司机分走了大部分收入。当5G网络、路联网、车联网等自动驾驶基础设施就

① 埃隆·马斯克，特斯拉CEO，创办了致力于太空探索的科技公司SpaceX。2019年11月，由SpaceX开发制造的猎鹰9号火箭搭载了3名宇航员实现了与国际空间站的对接。

绪后，AI司机将接管大部分人类司机的工作，每天可以夜以继日地为人类服务，1年跑10万公里，1公里1元。作为“数字移民共和国”的新成员，一个AI司机创造的年度ARPU就可能超过10万元。

在将来，越是靠机器赚钱的公司，资本的价值会越高，最终会形成一个产业共同体，而不再是传统电商形式的公司。

智能汽车时代

为什么世界最大的汽车企业丰田的估值没有特斯拉高？截至2020年7月10日，特斯拉的股价报收为1544.65美元，市值突破2860亿美元，一举超越全球最大的汽车企业——丰田，市值约等于丰田的1.6倍、通用公司的8倍、福特汽车的12倍。特斯拉就像汽车行业的苹果手机，它不仅仅是一辆汽车，更是一辆智能汽车。智能汽车将成为人类最大的移动互联网设备，它的每个组件（如窗户玻璃、天窗、前风挡、座椅等）都是可编程的，用户可以坐在车里玩VR游戏、看电影和听音乐，手机可以和汽车共享数据，在这些基础之上，开发者将会塑造出无数的应用场景。

自从2007年苹果推出iPhone智能手机以来，传统手机厂商如诺基亚、摩托罗拉等好像一夜之间消失了。汽车行业是否会上演这一出戏？下一个10年，人类对汽车的控制权也许会移交给机器人司机，到那时，将有上千万辆特斯拉自动驾驶汽车在数字化轨道上飞奔。

截至2019年底，特斯拉累计交付搭载自动驾驶系统的车辆达85万辆，累计行驶48亿多公里。而一个最有经验的人类司机，即使开100年的汽车，每年跑10万公里，最多也只能行驶1000万公里。特斯拉公司的科学家们正在改变技术的边界。特斯拉真正的竞争力在于其对数据、AI和ML（机器学习）的熟练整合与运用，它们凝聚成了特斯拉的神经网络：一套将传感器、数据、通信、CPU、外围硬件与软件紧密结合的超级系统。这些关键节点不但能相互配合处理信息，还能像人类一样适应与学习。2019年，我有幸聆听了未来学家凯文·凯利的一次演讲，他认为特斯拉不是一家汽车公司，而是一家AI和大数据公司，他在演讲中说：“它（特斯拉电动车）可以通过车载的数据分析消费者、驾驶人员的驾驶习惯，甚至在车轮上面也嵌入了微型计算机，所以车轮上记录的所有数据都可以上传到平台进行分析，用来制造下一轮的汽车。有了这些数据和使用数据的方法，就可以让这家企业在竞争当中脱颖而出。”在自动驾驶市场，大数据的数量决定了AI的决策质量，全球80多万名人类司机在帮助特斯拉训练AI司机。一辆特斯拉汽车就是一台数据收割机，通过“影子模式”[①]，人类驾驶员在车上的一举一动，都会被记录下来并上传到特斯拉的数据库中，提供给特斯拉的人工智能神经网络进行学习、分析。人工智能神经网络是机器学习的一种方式，通过借鉴生物神经网络的工作原理形成的一种数学模型，神经网络可以用于解决机器视觉以及语音识别等诸多难题。比如，你想

① “影子模式”的原理是让自动驾驶软件保持开启，传感器收集车辆周围的数据，但驾驶操作则由人类驾驶员来完成。在人的驾驶过程中，机器就能学习人的驾驶操作，从而达到提升自动驾驶能力的目的。

让AI识别出照片里的金毛狗，那你需要提供大量的图片信息供机器进行学习，最终使机器达到能够识别照片中信息的能力。如果说特斯拉在电动化上的技术积累可能会被对手迎头赶上，那么它在数据和深度学习等方面的数据积累已经甩出对手十条街。

这些数据会被用来进行3D模拟，供特斯拉软件工程师研究如何提升与精炼现有的深度学习算法，升级后的算法像苹果手机的操作系统一样会定期自动升级特斯拉的每一辆车。

经过16年的发展，截至2019年7月，特斯拉已交付具有自动驾驶功能的特斯拉汽车超64万台，特斯拉在“影子模式”下的自动驾驶里程达25.1亿公里，占特斯拉行驶总里程（231亿公里）的10.8%。

特斯拉正在利用这些数据搭建世界上最先进也最复杂的神经网络。特斯拉的神经网络，是一个超级宝库。神经网络架构搜索的快速发展可以使搜索优化的深度神经网络更快、更便宜。

在未来，人工智能芯片或传感器系统（计算机视觉、雷达或激光雷达）的供应商不仅会提供硬件，还会提供更快、更高效的深度神经网络，即为特定应用场景构建的深度神经网络。可以在目标任务和目标计算平台上产生最低延迟、最高精度的深度神经网络，而不是依靠更大的芯片来处理所有AI任务。

在了解了智能汽车最核心的人工智能技术后，我们以新能源汽车为例子，看看未来的汽车行业会有哪些变化。

新能源汽车是高资本密度和高科技密度的产业，它还处在相对原始的阶段。2019年中国新能源汽车的销售量只有120万台，市场占有率不到5%。从整个产业周期来看，5年以后的某一天，中国新能源汽车的销售量可能会达到600万台，市场占有率达到传统汽车市场的20%左右。

随着整个产业周期的快速迭代，这个行业会有两个进化的方向——马线与空间线。

第一，经营新能源汽车最重要的是经营“车里坐的人”，如果能提升车内场景的服务体系，这可能也将成为千亿级别的商业机会。

随着自动驾驶场景的建立，出行场景可能会在一个封闭的空间里面，出行会被当作一项MaaS服务（mobility as a service，出行即服务），同样，金融服务、电池租赁、整车租赁等业务也会获得很好的发展。特斯拉的商业模式与传统车企不一样，传统汽车主要从制造端赚取利润，而特斯拉的利润包含在整个产品的生命周期中，包括制造、销售、充电、维护保养等。

第二，Uber等网约车平台公司会不断成长，也可能会加入智能汽车市场。这些公司也许会更好地、更快地迭代，它们的业务是和里程数相关的，拥有里程数则意味着拥有丰沛的数据资源。从商用车到乘用车，从货运到客运，从私家车到共享汽车，这是一个逐渐进化的过程。在这个过程中，整个市场一定会逐渐出现头部效应。整车是一个基础应用，但在不同的场景、不同的人群，它会被开发出很多新的款式。至于关键设备，比如汽车电池的产业链，以及运营商基础设施的产业链，在这些产业的市场结构中，最顶层的可能就是自动驾驶汽车的领导者，像特斯拉、谷歌旗下的

Waymo，百度的Apollo等公司。

在自动驾驶技术中，拥有一张覆盖全球每一个角落的、实时的、动态的、全数字化的活地图是必不可少。未来，行驶在道路上的每一辆汽车都是最大的移动物联网设备，既是实时数据的采集者，也是数据的应用者，它会形成一个完整的数字化轨道运行的闭环。

只有使用高速、高密度的5G网络，才能打造出一个毫秒级别的海量边缘计算，并且能够实现实时数据共享和反馈的自动驾驶地图。一个100米或更短半径的车联网、路联网、人车路联网的时代正在到来。

5G的频谱有高频毫米波频段，也有Sub-6GHz频段。毫米波指的是频率在24GHz到300GHz之间的超高频电磁波，它能在较短的距离内（约1000英尺）稳定地传递大量的信息。低于6GHz的电磁波Sub-6，虽然传输距离更远，但传递的带宽却很小。

这些技术会在通信延迟和带宽方面带来巨大的改善。更低的延迟对于智能汽车在复杂路况下快速做出正确决策有着重要的作用，因为它需要更加实时的网络通信。

5G将成为下一代无人驾驶技术的基石，5G技术和5G网络将让自动驾驶时代提前到来。

波士顿咨询公司曾称，到2035年，高科技互联网汽车时代的到来预计会为汽车行业创造约1500亿美元的新利润。也有投资人认为，到2030年，自动驾驶汽车的销售量将占全球新车销售量的1/5。

波士顿咨询公司的数据显示，自2014年以来，投资者已向全球3400多家涉及“新交通”概念的企业投入了约700亿美元的私人投资资金，这些企业涵盖了自动驾驶、叫车服务、电动踏板车和机器学习技术等诸多相关领域。通用汽车旗下自动驾驶部门Cruise在2019年5月份获11.5亿美元融资，该部门最新估值达190亿美元。在2019年2月份，总部位于加州的自动驾驶送货初创公司Nuro融资9.4亿美元。2018年夏天，全球最大的商用车制造商戴姆勒获得中国政府的许可，可以在中国的道路上测试由百度阿波罗平台控制的自动驾驶汽车。2019年4月初，Pony.AI（小马智行）获得了2.14亿美元的风险投资并在广州推出无人驾驶出租车试点。2019年8月份，创新企业Optimus Ride在纽约市建立了第一个小型自动驾驶车队。

营销咨询公司ABI的数据显示，到2025年，道路上将有800万辆无人驾驶汽车；市场研究人员预测，到2030年，美国将有2000万辆无人驾驶汽车投入使用。

华尔街分析师测算，到2040年，拼车服务的业务规模将达到800亿美元，自主物流业务的规模将达到900亿美元。自动驾驶技术带来的市场潜力是万亿级的。这也是特斯拉、Waymo（一家研发自动驾驶汽车的公司）等科技巨头和传奇制造商投入一切疯狂争夺此项技术的原因。

科学家们正在拓展技术的边界，政府也需要行动起来，完善相关法律。没有性能强大的、AI芯片的算力，没有远超人类驾驶员的AI算法，没有覆盖全球的活地图的指引，没有长寿命周期，没有高可靠性的车规级传感器的大数据采集，没有大规模的路测车队的AI训练，没有政府的新监管体系，没有一系列新伦理难题的解决……那么自动驾驶时代，就不能在未来10年的某一天如期而至。科学家、企业家、政治家必须携起手来，共同迎接这一个又一个难以逾越的挑战。

下篇

产业共同体的诞生

“把我们的人搞得多多的，把敌人搞得少少的。”[①]

——毛泽东

① 参考文献：http://www.ngd.org.cn/jczt/2019bwcx/2019xxzl/65099.htm

06 从增量时代到存量时代

2016年，阿里巴巴的马云先生提出了“新零售”这个概念，那么新零售的发展到底如何？中美两国的企业家都陷入了中美贸易摩擦的旋涡，这场贸易摩擦是两国企业家挥之不去的阴霾，是对全球经济体的一次沉重的打击。为什么电商巨头线下开店的速度在放缓？为什么大量的实体店面临倒闭的局面？为什么无人商店没有火起来？新消费品牌在资本的驱动下，过于追求发展速度，它们将要面临新的一轮洗牌。

2014年，马云先生曾经在一次企业家大会上说道：“在座的诸位都是‘耍大刀’的，而我是‘端机关枪’的，这是一场不对等的战争，所以你们怎么敢向我发出挑战？”言下之意在于：实体经济最终必然会走向灭亡。然而，2016年阿里巴巴管理层发现阿里巴巴电商年度活跃用户流量增速正在减缓，未来可能到达流量的天花板。2016年年底，阿里巴巴启动了开发线下门店的新零售战略。

新零售这个概念提出来后，中国的企业家们像哥伦布发现了新大陆一样，个个兴奋不已，摩拳擦掌。一时间，上千亿元的资本投入了新零售领域和新消费品牌中，众多新消费品牌如雨后春笋般涌现。在百货商场、大卖场、购物中心、生鲜超市、服装店、美容店、宠物店等各个新零售的赛道上，挤满了资本家、创业家，之前从事实体零售的老总们也着手开辟新零售的战场，描绘自己人生的第二增长曲线。

马云先生提出新零售这个概念的时候，他向世界发出了一个和解的信号：希望加快线上线下一体化。他希望电商经济能够拥抱实体经济。

阿里巴巴集团董事局主席张勇则认为：中国零售平台和新零售项目将带动零售伙伴为消费者提供无缝连接的服务。在拿下了大润发、联合利华、三江购物等一众门店的零售资源后，阿里巴巴通过套用盒马鲜生的新零售解决方案，对这些传统线下资产进行了数字化改造。此外，阿里巴巴整合了其生态体系中的娱乐、物流、金融、品牌、工厂等一系列资源，通过打通资源的方式，实现资源的重新配置，提升整个生态系统的效率。如一个巨大的路由器一样，阿里巴巴通过数字化系统连接了中国零售行业的半壁江山。

2016年1月，阿里巴巴的自营生鲜类商超盒马鲜生在上海金桥广场开设了第一家门店，面积达4500平方米，开业后成绩斐然，年坪效高达5万元，是传统超市的3～5倍。

截至2020年6月，盒马鲜生在中国自营的门店数量为214家。门店按全渠道经营的理念来设计，完美实现了线上和线下的全渠道整合，不到半年，盒马鲜生每天的线上订单数已达到5000笔。每件商品都有电子标签，可通过app扫码获取商品信息并在线上下单。物流仓储作业被前置到门店，和门店共享库存和物流基础设施，店内部署了高效的自动化物流设备进行自动分拣，基本能实现5公里内29.5分钟送达的及时配送承诺。

盒马鲜生学习了意大利Eataly超市的店内布局方法，在店内设置占地200平方米左右的牛排、海鲜以及熟食餐厅区，里面摆放了5张桌子。顾客在店内选购了海鲜等食材之后还可以即买即烹，门店会提供厨房给消费者使用。这个做法深受消费者欢迎，提升了到店客流的转化率和消费者的线下体验，也带动了客流量的高速增长。

小米可能是国内第一家互联网思维公司。一开始，实体店的开设并不在小米公司的考虑范围之内。但后来实体店小米之家广受大家欢迎，2018年，小米已经开店500多家。雷军曾提出，未来计划在全国开设1000家小米体验店。

京东、腾讯和苏宁等公司提出了“无界零售”“智慧零售”和“零售即服务”的概念。自2016年起，我国互联网巨头们都陆续开发和发布了新零售的数字基础设施甚至零售操作系统。这些信号在提醒我们，我们将迎来电商经济体与实体经济体全面和解的时代。

电商成为旧零售

2020年全球范围内，整个电商经济体已经处于被双寡头垄断的状态，然而仍然有很多新的变化。

未来，新零售的机会到底在哪里？

从经营货到经营人

早期，新零售的核心是“经营货”，后来，新零售的核心变为“经营人”。

为什么会出现这种变化？如何理解从“经营货”到“经营人”？

早期的新零售更多的是从空间维度，即以全渠道的思想去推动线上线下的一体化，仍然是卖货的逻辑。只“经营货”的商家，无论在线下还是线上，处处都是敌人。但是，如果把人视为一切的出发点，开始“经营人”的时候，我们会发现围绕人的全场景，经营行为就会落实在时间线、空间线和马斯洛需求线这三个维度，我们就可以走出单场景的竞争格局。

新零售就是要跟过去旧的零售模式分道扬镳，逻辑要从“经营货”进化到“经营人”。新零售重构了“人”“货”“场”这三大零售行业的要素，我们要加速数字化转型，加速ABCD新技术的赋能。“人”，从众人到单客经济，经营好每个客户；“货”，从线上的长尾到线下店的头牌，线上更适合经营碎片化的长尾需求，线下受空间限制，更适合经营集中的高频刚性的需求；“场”，从低频交易的卖场到高频约会、高频连接的全场景，我们要从实体店和电商的逻辑里跳出来。

从全渠道到全场景

苹果、亚马逊、Costco这些公司已经进化成“经营人”的全场景经济体。无论是苹果的服务业务还是亚马逊的服务业务，已经成为它们各自现金流和营业利润的基石。这些业务具有长期确定性，而且能够呈现步步高的楼梯效应和指数型增长。

从时间线上，我们要打造全天候的场景能力，创造新的消费场景。阿里巴巴的“双十一”是制造出来的网民年度购物大节日；趣头条在时间线上，推出整点看新闻赚10个金币的活动，理论上每天至少多了24个场景；孩子王在自己的app商城里，每天晚上9：30都会开辟一个特卖场。从空间线上，我们要打造全渠道的场景能力，从实体店、自营电商、平台电商、社交空间、短视频等全渠道连接我们的消费者。从马斯洛需求线上，我们要打造全体验的场景能力，如图6–1所示。

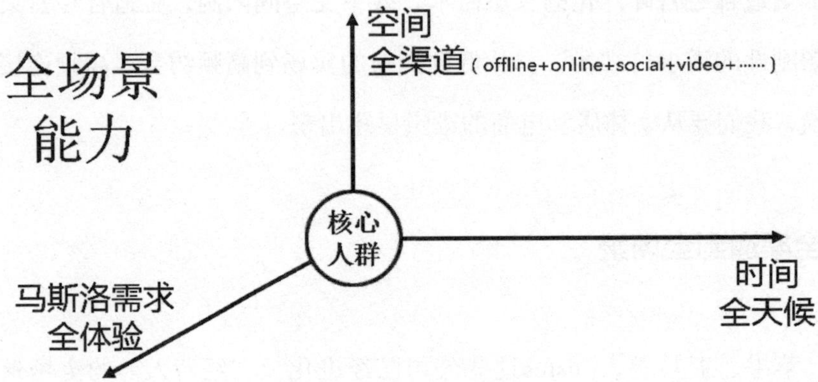

图 6-1　打造全场景能力

高度碎片化的中国市场

中国的市场特征就是高度碎片化。从鞋店到服装店，从建材家装到五金店，从社区超市到生鲜水果店，从美容美发到医美，甚至从农贸市场菜贩子到农村小镇小店……全中国有约680万个小店老板，每天服务着1亿多户城市家庭。我们处在碎片化的市场当中，在这里，增量市场的增长很缓慢，存量市场十分碎片化。这些小店的特点是效率低下、寿命短、不成规模、产品线弱、供应链履约成本高，互联网和人工智能的光还没有照耀到它们。究其原因，一方面是大部分店主还没有在电商平台开店，另一方面是由于流量成本很贵，那些已经在电商平台开店的小老板往往不能获得头部的流量，线上生意做得不温不火。那么他们该如何改变自己的命运？

一些新消费品牌的经验值得他们学习。当我们在讨论新消费品牌崛起的时候，会发现这些新消费品牌无一例外地会向互联网企业靠拢。不过它们的生存状态虽然良好，却并没有获得巨大的增长。

共享经济正在产业互联网时代发酵。日本的7-Eleven，中国的汇通达、大搜车、兴盛优选等企业打破了实体经济体和电商经济体之间的桎梏，结束了产业单打独斗的经营状况，团结一切可以团结的产业力量，打造出各自产业的共同体。这一切都预示着一个产业共同体时代正在到来。

7-Eleven 人效比肩阿里巴巴的背后

在零售业有一种说法：“世界上只有两家便利店，7-Eleven 便利店和其他便利店。”作为全球最大的便利店特许加盟组织，截至2020年2月29日，7-Eleven在全世界18个国家和地区已经开设70174家店铺。在日本，7-Eleven有20916家连锁店（其中直营店有371家），每天有超过2000万人次光顾7-Eleven，顾客能享受24小时全天候、全渠道的便利服务。且单店平均经营面积 140平方米，日均销售额约41930元。

2016年，我为绪方知行先生和田口香世女士合著的《零售的本质：7-Eleven 便利店创始人的哲学》一书作序，认真研究了7-Eleven的商业模式和损益表，发现其人均创造的利润堪与阿里巴巴比肩，达到约120万元。

这简直就是一个商业奇迹，日本便利店行业排名第二到第四位的 3 家连锁店的利润额总和仍然不及7-Eleven利润额的一半，7-Eleven利润额大约也是中国零售企业高鑫零售的4倍、永辉超市的7倍，且它们还是中国零售企业中盈利能力最强的两家。然而，2019年，7-Eleven日本公司的全职员工只有8959人，人均创造利润额约121万元，甚至超过了全球最赚钱的电商公司阿里巴巴。阿里巴巴2020年净利润额约1403亿元，有11.76万名全职员工，人均创造利润额约119万元。7-Eleven基本没有自己的直营商店，也没有自己的工厂，更没有自己的配送中心，却成为利润额过百亿元的零售企业。

在日本经济严重的衰退中，7-Eleven日本公司从1974年创立以来，仍然保持了连续41年的增长势头。一个看起来十分传统的便利店公司，居然能够长期屹立不倒，且在人效数据上，它甚至能够与世界电商巨头阿里巴巴比肩，这是为什么呢？

从1927年在美国得克萨斯州创立至今，7-Eleven经历了多个世界经济的高峰期与低谷期，也经历了在美国市场的衰落和重生。7-Eleven便利店的前身是成立于1927年的美国南大陆制冰公司。当时，店铺每天营业16个小时，从早上7点开始营业到晚上11点打烊，不仅销售冰块，也销售牛奶、鸡蛋、面包等深受当地居民欢迎的日常生活用品，是现代便利店的萌芽。1946年，南大陆公司正式改名为7-Eleven，从而真正拉开了便利店时代的大幕。

7-Eleven日本公司隶属于日本柒和伊控股集团，是该集团的基石和盈利主力军。2020财年（截至2020年2月29日），7-Eleven日本公司零售总额50102亿日元，相当于3202亿元（按2020年2月29日当日人民币兑日元汇率100日元=6.3919元计算，下同）占全日本便利店市场份额超40%，是第二名的两倍，全店总收入约为567亿元，加盟费及相关收入货币化率为17.7%；总毛利529亿元，毛利率为93.2%，净利润约108亿元，净利润率高达19.1%，超过全球所有零售企业（全球平均水平在3%左右）。

7-Eleven的损益表不像传统零售商的损益表，更像是互联网平台经济体损益表。一家零售公司产生了互联网效应，这是为什么呢？

7-Eleven不仅是一家商店，更是一个具有互联网基因的产业共同体平台和一个特许加盟连锁的利益共同体。作为日本零售业最大的便利店产业经济体，7-Eleven构建了一个互利互惠的生态系统。

在这个产业共同体里，7-Eleven日本公司的创始人铃木敏文先生创造了一个产业路由器的模式，这是一个利他的商业模式。7-Eleven打造了一个“没有收费站的产业高速公路”，不收差价，不赚交易费，不赚通道费，不赚广告费，放弃了传统实体经济体和互联网经济体的商业模式中的盈利来源。这是真正的产业共同体，通过产业路由器连接了2万多个夫妻店、181个工厂和162个物流中心。

通过每8小时完成一次订单，7-Eleven建立了快消品行业在全球范围内最快的产业链，这种快速反应能力迅速地形成了价值洼地。在7-Eleven的产业路由器中，它借助对饭团和三文鱼等即食商品的快速反应方式，建立了整个产业链的快速反应能力。每8个小时，7-Eleven就能把2万多个夫妻店的订单汇集起来，交给就近的181个工厂去生产。同时，每8个小时就有162个物流中心通过城市共同配送把产品运到每一个小店中。即使算上干货等保存期较长的商品，每一个小店的平均库存周转天数一直保持在11天左右，相当于他们的资金一年能够周转33次。

在7-Eleven的经济体里面，产业链各参与方一起创造价值洼地，一起打通整个产业链，2020财年全年总毛利池超过了1000多亿元。分配模型按单店创造的月毛利分配，夫妻店的经营者拿57%，总部拿43%。

在毛利方面，因为没有中间差价、通道费、交易佣金和广告费，这一优势在约3200亿元的销售额中给7-Eleven总部的收入创造了接近18%的货币化率，这比阿里巴巴公司5%的货币化率要高很多。用最高的效率创造了一个最深的价值洼地，就像“三峡大坝”，大坝虽然蓄水，但是不独吞水库资源的红利，而是把水蓄起来用来调节上下游的生态、气候环境。每个小店加盟前的销售额只有1万～2万元，加盟后能达到4万元，毛利率从20%增长到约32%，而且90%的小店都能达到5倍左右的毛利润增长，供给端的工厂订单和物流生意甚至能获得10倍以上的增长。

7-Eleven打造了整个产业链最深的价值洼地，大量的碎片存量连接在一起，实现了从线性增长到指数增长的跨越。7-Eleven打造的便利店共同体，形成了牢不可破的利益共同体和命运共同体。整个产业链所有的参与方达成了利润分配的共识，并一起共建共同体，一起共享大量闲置的资产，最终形成共生能力。

07 形形色色的产业共同体

产业共同体的底层逻辑

新结构："公业务"与"母业务"

企业怎么才能够既有流量，又有利润？这需要处理好"公业务"和"母业务"的关系。"公业务"的使命是建立流量池、流量垄断和护城河，"母业务"的使命是形成利润区。对"公业务"来说，无论是产品还是服务，只有分享才能产生裂变，同时要具备"高"（消费频次高）、"刚"（刚需）、"海"（市场基数庞大）、"慢"（变化慢、稳定）的特征。一般来说，"公业务"的毛利不高，但是可以快速在行业内破局，聚拢流量。

"母业务"的特征是所谓的"三高一非"，也就是高价值、高毛利、高转化，但是相对非标准化。“公业务”的本质是通过高频、刚需、海量的业务形成流量垄断，而“母业务”才是真正的利润来源。

企业要想把握好战略节奏，一开始不能什么都干，必须先做好真正的“公业务”，采取倒T字型打法①，击穿整个供应链。与此同时，企业也要有一定的“奉献精神”，在平台上提供免费或利润微薄的服务，从而迅速做深价值洼地，形成一定的流量垄断后才能去布局“母业务”群。“公业务”是企业的护城河，必须长期干好，不能半途而废。在开展“母业务”时，企业也不能一拥而上，要稳扎稳打，步步为营。

下面来看一些“公业务”和“母业务”的经典案例。

小米

小米的“公业务”是手机，而“母业务”则非常丰富，例如互联网服务，小米品牌或米家品牌的其他电子产品、家居产品和儿童产品等，都属于小米的“母业务”。

2020年12月，小米全球MIUI月度活跃用户3.963亿，同比增长28%，其中，中国大陆MIUI月度活跃用户达1.145亿。由于用户资产十分庞大，小米把手机业务带来的流量迅速分享给了互联网服务、运动手环、扫地机器人、空气净化器、电饭煲等“母业务”产品，其中不少单品类产品上市以

① 倒T字型打法：指先画一竖，即先干好“公业务”这一件事，把“公业务”打透，做深价值洼地，建立产业大坝；再画一横，即指再发展“母业务”集群，形成平台的多边市场效应。

后立马成为爆款。这些都是小米生态链企业生产的产品，甚至一些生态链企业已经成为行业中的“独角兽”，这正是小米手机“公业务”带来的流量价值。

茑屋书店

日本茑屋书店的“公业务”是1400家线下实体店铺，可是真正盈利的是它的T卡体系，这张会员卡的持有者覆盖了全日本超过50%的人口，连接了超过94万多家店铺，在这些店铺中实现流量和积分共享。其实大家都知道茑屋书店其实根本不赚钱，但是其T卡会员体系有6000多万用户，相当于全日本一半的国民都办了积分卡。茑屋书店的经营人认为可以把自己庞大的用户群体共享给书店外的其他新场景，所以他们发行了T卡，并以此为媒介和日本近15万家各行各业的店铺进行合作。茑屋书店2/3的利润来自T卡。茑屋书店的“公业务”就是书店，“母业务”就是通过T卡积分汇集的94万多个“母业务”场景，这是典型的基于人的模型，在此基础上建立了一个全场景经济体。

宠知道

宠知道公司的“公业务”是宠物洗澡服务。它把给宠物洗澡的业务标准化成18道工序（从耳朵到爪子），在流程规范化的同时也降低了成本。

而且一只宠物一个月一般要洗2~4次澡，这就保证了宠物的主人一个月至少要到店消费2~4次。因此，宠物店就成了一个高频的消费场所。

宠物食品等则是宠知道的“母业务”。许多家庭把猫狗当作家人，所以会给宠物买好的食物，而这些宠物食品的毛利可达60%，如果做成自有品牌，控制供应链，那么毛利甚至可以达到90%。其实，能够养得起宠物的家庭都是经济条件相对较好的家庭，对狗粮的价格没那么敏感。所以刚开始普通宠物店可能一个月只有5万元的收入，而宠知道旗下的宠物店平均月收入已超过20万元，有的甚至已经接近30万元。就这样，宠知道在很多小区都扎了根，改变了市场竞争的格局。现在，宠知道正在研究如何把“狗狗币”和用户资本主义引进来，从而进一步提高宠物店营业额。

狗粮只是宠物行业的第一个“母业务”，宠物医疗可以成为第二个“母业务”，未来宠物保险、宠物美容都可以做成新的“母业务”，这就是前文提到的“一公多母”。宠物行业一直保持着近30%的增速，按照目前的情况，也许过不了几年就能达到1万亿元市场。

这样就形成了单点模型，并且未来完全有打造产业路由器的潜力，可以通过产业路由器联合更多的宠物店，发展出更多的用户群体。

Uber

网约车是Uber的“公业务”，为其带来了庞大的流量，并且已经成为Uber“母业务”群的巨大流量入口。截至2019年6月底，Uber成立还不到10

年，但在这期间经历了很多重要时刻，从最初只有几辆车和少量员工的小公司发展成业务遍及全球60多个国家、700多座城市，拥有2.6万名员工和400多万名司机、快速员，全球月活用户（MAU）接近1亿的大型企业。

Uber的“母业务”群包括Uber Eats（优食）外卖、货运和Uber金融服务等。从最新公布的2020第一季度财报营收角度来看，Uber划分了两大业务部门：核心平台和其他业务。核心平台包括网约车、外卖配送、汽车解决方案。其他业务包括货运、金融以及电动自行车和滑板车。Uber的货运服务推出近两年以来，已经拥有了一些企业级用户，比如美国最大连锁药店 CVS 健康公司、思科和喜力啤酒，这些用户早在2019年第一季度就加入了优步货运。

最近，Uber推出的金融服务包括Uber信用卡、借记卡、司机钱包、Uber支付、Uber现金等金融产品。Uber的一系列举动是科技巨头进军金融业的重大信号。Uber希望为全公司400多万名司机和快递员提供移动银行账户服务，以便他们在每次出行后能够更方便快捷地获得报酬，同时通过建立金融生态系统，让客户忠于Uber平台。Uber此举一方面是希望沉淀司机、快递员和所有用户在Uber上的资产，为Uber制造更多的现金流和收益；另一方面，也希望借助支付这一基础设施，打通Uber的网约车、外卖、货运、两轮出行等业务，形成业务闭环，增加用户对平台的忠诚度。

新规则：爱因斯坦法则

传统的消费品牌公司的边界是相对固定的，不具备互联网平台公司的网络效应和扩充性。像苹果、亚马逊、Costco这类公司的用户自由度很大，因此流量一直保持指数增长。

从刚需的产品线（如马斯洛最底层的需求水、食物、空气、能源、Wi-Fi、app、云服务的算力）到美好的产品线（能给人类的灵感和幸福带来美好生活的产品线），各大企业可以通过那些有温度、有故事、有匠心的产品点燃顾客内心的激情，让他们成为企业的“啦啦队”，让用户自发地为企业做宣传。从这个意义上来说，用户自由度越大，网络价值就越高。

在移动互联网和社交媒体时代，顾客不仅在消费商品，更在传播口碑，为企业创造新的顾客。顾客的口碑效应不仅能为企业带来更多的盈利，更关系到企业的未来，需要企业有相应的声誉、商业模式、创造顾客的方法和经营顾客的能力去应对口碑效应带来的新客户。

冠军商品和头牌商品是那些高颜值、高性价比、有故事、有工匠精神、有温度的产品或者服务，它们往往能够吸引和创造更多的顾客。如何建立顾客的“裂变”，我们可以通过三度社交来做到：第一度需要超级用户，他们是这个裂变的种子；通过一度的口碑连接进来的二度用户、三度用户的留存率往往也很高，最后形成一个步步高的“楼梯效应”，今天你有10万用户，明天你就会有100万用户或者1000万用户，这是一个指数增长。

正如核裂变原理一样，超级用户就像是铀核，头牌商品就是快中子，而高频的场景就是热中子堆，在慢化剂的催化下产生核裂变的惊人力量。要进行裂变，我们要找到我们的超级用户、我们的KOL，他们就像铀矿一样。

比如，母婴童行业的孩子王。在孩子王，员工与用户的关系是顾问与粉丝的关系。孩子王将6000多名员工培养成为专业的母婴顾问，她们生过孩子，做过母亲，可以成为最好的KOL，通过在线下的亲子中心每天举办的3场亲子活动，迅速发展了接近3000万用户。

地域型产业共同体

新农村产业共同体

互联网的光已经照进中国农村市场。每条产业链上面都有巨大的裂缝，在农村零售市场的裂缝中成长出了第一只农村领域的超级“独角兽”——汇通达。2019年，汇通达的GMV超过3000亿元，收入已经超过了500亿元。

2009年，五星电器的创始人汪建国先生发现五星电器既比不过国美，也竞争不过苏宁和京东，他毅然决然地把自己所有的电器大卖场打包卖给了美国最大的电器零售商百思买中国公司。之后，汪先生到乡下亲戚家休假，他发现乡镇电器店里出售的同款空调售价比城里还贵，这正是中国落后的层层分销体制所导致的结果。以空调为例，格力空调从出厂到一批、二批、三批经销商卖出，然后再到农村的小店，其成本非常高，农村居民最后买到的空调价格要比城市中贵得多。农村小店对电器的需求量很小，经销商不愿意送货上门，店主们只能到县城的批发商那里拿货。

2010年，怀着要让农民用户也能用相同的价格买平价电器的想法，汪建国先生创办了汇通达。他和高管团队在农村市场调研了半年，发现每个乡镇都会有很多小老板、夫妻店在做电器生意，但是因为货源少，彼此竞争很激烈，大家生意都不好。于是汪建国借助他在五星电器原来的供应链资源，在乡镇小店做起了批发生意，给小老板们直接供货。

最初，汇通达想绕开中间商直接对接乡镇小店，但是到2015年，他们发现这种做法并没有“干倒”中间商，生意也不温不火。2016年，汪先生邀请我到他的南京总部进行交流，我分享了对7-Eleven产业路由器模式的理解和打造产业共同体新模型的想法。后来，汪先生结合了我的一些想法，运用在汇通达之后的运营发展中：在广阔的农村市场，汇通达团结了13万家乡镇小店，虽然每家店的生意可能都很少，但13万家店铺的需求汇聚起来，就是一个巨大的数字。在直接对接几百个品牌在各地的闲置库存和500多个区域分销商大量闲置下乡的运力后，汇通达在2019年创造了3000亿元的市场规模。

汇通达成功的背后，其实就是产业路由器的思想：将大量的小商铺老板聚合起来，就会形成一个庞大的需求市场，这时候就显示出了规模采购和规模物流的优势。任何形式的共同体，都应该从共识、共建再到共享、共生。形成一个人人参与、人人获益的产业大坝，是产业共同体的新未来。

社区商业共同体

社区团购“浪费”了投资人很多的资源。在这个赛道上，除了阿里巴巴在2019年投资的十荟团、兴盛优选已经领先于其他同行，2016年以后，这一领域内的很多探索都是失败的。而互联网巨头还在进场，阿里巴巴、京东、美团优选和拼多多旗下的多多买菜都在此领域加速布局。

兴盛优选凭借自身独特的运营方式，在2019年年底，GMV突破百亿元大关，全年同比增长1250%，完成了3轮融资，估值已达10亿美元，成为社区团购行业的首个“独角兽”。

兴盛优选花了4年时间，汇集了30万个社区小店碎片化的私域流量池，截至2020年6月底，达到了日均800万张订单量。2020年7月，兴盛优选融资达8亿美元，估值将达到40亿美元，成为社区团购领域的领先者。

兴盛优选的前身是连锁便利店品牌芙蓉兴盛，芙蓉兴盛成立于2000年，拥有多达1.5万家线下门店。曾经，他们的O2O项目几近失败，在2018年10月改名为兴盛优选后又重新上线，经过两年突飞猛进的发展，成为业内的一匹黑马。多年来搭建的供应链和庞大的线下门店网络使得兴盛优选的线上预售和线下自提模式运行起来相当便捷，其运行成本远低于同行。

兴盛优选能够取得成功的逻辑很简单，就是把所有的社区小店老板组织为一个共同体，形成熟人经济圈。

兴盛优选的本质是在供给侧进行改革，搭建一个社区团购的路由器，建立起双边市场。一方面把小店的碎片流量汇集起来，另一方面通过小程序或者小型微信群把流量转化为销售额。

如果说阿里巴巴、京东、拼多多等平台电商是公域经济模式，那么社区团购的本质就是私域经济。社区是一个弱关系强交易的私域流量池。例如，我是一个开了多年小超市的老板，小区的大叔阿姨们基本都认识我，虽然我没有加他们的微信，但是他们都很信任我，这种弱关系反而容易形成强交易。每次顾客来购买的时候，只要扫一下二维码，就能被拉进我建立的微信群里，而且这样的流量池很稳定。社区商店的客流频次很高，如果想在一个小区内建一个微信群，基本两个星期内就能完成。截至2020年年底，兴盛优选覆盖中国15个省，把50万个小店老板和他们背后的居民消费者联合起来，达到日均订单1200万单。

完成了流量池的建立后，兴盛优选实施了一项“211工程”，这一工程跟当年京东的“211工程”一样，以“第一天11点前下订单，第二天11点就一定会收到货”为目标改进物流体系。在用户微信群里，兴盛优选会推送一款小程序给群成员，里面提供了80～100个头牌生鲜商品。

供给侧该怎么改革？兴盛优选给出了一个和过去完全不同的回答。每天，它都会向用户供应头牌商品，因为直接跟农场、农贸公司、农业公司对接，所以它提供的菜比菜市场的还要新鲜，而且价格更低（有时甚至低20%～30%），同时对企业来说损耗也是最低的。这样一来，楼上的家庭主妇可以在第二天吃完早饭的时候，直接在楼下提走已经到达的水果蔬菜。

因为采用的不是到家服务而是小店自提的送货方式，兴盛优选的履约成本并不高，过高的履约成本是永辉超市旗下的超级物种、阿里巴巴旗下的盒马鲜生都不赚钱的原因。

社区团购其实是一个分布式的物流体系，把“最后一公里”和干线物流紧密结合在一起，同时获客成本非常低，顾客是老邻居、老街坊，彼此之间的信任是根深蒂固的。综合来看，社区团购的模型是可持续的。

本地生活共同体

从“经营货”到“经营人”，从单场景到多场景，Uber不再仅仅是一个网约车公司。围绕每个乘客的马斯洛需求线，Uber在不断地跨界，扩张自己的版图。

比如，网约车是Uber的主营业务，外卖业务是Uber公司的第一“母业务”。不管是在办公室、家里还是娱乐的地方，对叫网约车和叫外卖这两种服务的需求往往同时存在。Uber Eats（Uber的外卖业务）送的是餐，Uber网约车送的是人，本质上都是共享经济，能够更高效地配置大量闲置的运输资源。

Uber的CEO达拉·霍斯劳沙希说，50%的外卖用户不使用打车服务，所以配送业务在为网约车服务创造新用户，在过去一年里，40%的Uber Eats新用户成为Uber网约车的新用户，推动了主平台的增长。Uber的餐饮外卖业务在第二季度中月度活跃用户数量增加了一倍以上，达到140%，其中40%是新用户。

中国外卖行业的领头羊——美团也在app首页加入了打车服务，在整合业务领域与Uber有异曲同工之处，希望将自己打造成服务供应商，用户可在美团app一键呼叫不同平台的网约车辆，也可以在餐饮商家页面直接叫车，出行变得更加便捷了。

制造型产业共同体

汽车产业共同体

起初，大搜车的创始团队在北京的世纪金源购物中心开了家二手车店，占地2万平方米。经营了两年后，他们发现很难继续发展下去，因为全国的二手车市场有20多万个二手车店和4S店的二级经销商，自己只不过是一家普通的二手车店。后来，他们放弃了北京市场，回到杭州，重新创业，最终成了一家净利润超过了7亿元规模的经济体。

大搜车于2012年进军二手车市场，头两年走了很多弯路。整个二手车行业完成一个交易周期平均需要60天，后来大搜车决定搭建二手车的交易路由器，不赚任何交易佣金，团结整个产业链。它把10多万个二手车卖家集聚在一起，这些卖家可以在大搜车的平台上共享客流、库存。在此基础上，二手车行业平均60天的交易周期在大搜车平台上得以降至20天，在二手车产业共同体中产生了巨大的效率价值洼地。2017年，大搜车开始布局利润区，推出了新车金融服务app弹个车，2018年创造了1亿美元规模的利润。

大搜车的核心思路就是把单边市场改变成双边市场。

比如，在过去，二手车行的王老板因为自己的供给端没有形成规模效应，也没有成本效益，所以收购和出售都很困难。他唯一想到的增加利润的方式就是降低交易佣金：竞争对手要3%的佣金，我只要1%的佣金就好了。这是典型的传统电商思维。

可是，这个市场是不能简单地通过用成本、用价格战来解决问题，这是传统电商的思路。大搜车真正要打的是一场效率战，要思考如何靠效率取胜。

今天，王老板可以把自己收到的二手车放在大搜车平台上出售，那么方圆200公里内的几十个二手车行都能知道这一交易信息，于是就产生了双边市场。通过这种逻辑，提升信息交换的效率，将传统的60天的交易周期下降到20天。这一切是SaaS实现的数字化一键分发功能所带来的。

大搜车始终坚持利他的思想——不只追求利润，而是把服务用户放在第一位。当它在免费连接、免费配对的时候，整个市场的格局发生了翻天覆地的变化，大家通过合作就能获得效率的提升，而不愿意进行合作的参与方就会被逐渐淘汰!

让我们继续上文的例子。王老板生意越来越好，二手车越收越多，此时，他想：“从今天起我就只收质量好的二手车了，破车我就不要了！”这就是供给侧结构性改革，其结果是质量好的二手车最后集中到了大搜车的产业共同体里，而那些不愿意加入共同体的二手车老板，不仅要60天才能卖出1辆车，还会发现自己收的二手车质量越来越差。

智能家居的产业共同体

截至2020年第一季度，小米IoT联网设备数量达到2.52亿台，同比增长42.6%；使用5台及以上小米设备的用户达到460万人，同比增长67.9%；小米AI智能音箱“小爱同学”的月活跃用户数量同比增长54.9%，达到7050万人；米家app月活跃用户达到4000万人。小米针对3.4亿用户人群打造的家居新生活的共同体跟500多家产品公司连接在一起，走出了2015年“只是一个手机产品公司”的困境。2020年8月，小米市值已破5000亿港元。

当小米发现自己有大量的闲置用户后，便把这些用户资源提供给生态链团队，让他们制造电视、路由器、扫地机器人等IoT联网产品，并提供给自己的手机用户。这样一来，消费者就不是每年只买一次小米手机，而是还可以买笔记本、床垫、扫地机器人、耳机等，大大提升了消费者的ARPU。

小米生态链上的产品公司就是利用了小米积累的用户流量将每一件产

品反复打磨，所以每一件产品一经上市就都成为“爆品”。

工业品市场的产业共同体

国联股份成立于2002年，2019年登陆A股市场，成为工业品市场产业互联网第一股。2020年度收入171.58亿元，同比增长138.38%，市值突破350亿。

2009年，国联从工业品B2B黄页“国联资源网”开始创业，积累了大量的产业资源。2015年，随着产业互联网的大潮奔涌而至，国联的创始人刘泉先生和钱晓均先生没有停下脚步，他们迅速发布了“多多拼购平台”，正式进军产业互联网。

类似消费品市场的拼多多，国联的多多拼购平台在工业品市场建立了一个需求驱动的b2f产业路由器平台。具体来说，国联的拼购平台与上游先签订一个合作框架协议，之后下游客户开始预购，通过产业路由器平台集合下游零散的、碎片化的小订单，拼成大单后，以销定采，最后向上游进行采购，为下游客户赢得了共同议价能力，同时也大大减少了中间流通环节，整个产业链的效率大大提高。

服务型产业共同体

旅游产业共同体

Priceline（美国旅游服务网站，后更名为Booking）是旅行服务行业的王者。这是一家从2001年互联网泡沫经济破裂之后10年内也没有起色的票务公司。但从2012年起，该公司突然实现了指数增长，市值达1000亿美元，毛利率达到98%。

它通过AI和大数据预测每一家希尔顿、万豪等高档酒店在未来两年中的某一天会有多少空房。再根据预测结果，把这种闲置的空房——因为在太阳落山以后，这些闲置空房对酒店来说就是被浪费的空置资源——出租给用户，就像飞机座位一样，一旦起飞，所有空置座位的价值直接归零。

Priceline把这些空房资产数字化，形成新的资产。有一次，我到纽约出差，住进了离特朗普大厦最近的一家五星级酒店，客房的正常价格是700美元，但是在Priceline上我只花了100美元就订到了房间。很明显，对于酒店而言，售价700美元的房间虽然只卖了100美元，但是总比空置要好得多。

Priceline的逻辑就是零库存。它不需要花费资金把这些资产都收购下来，它是个共享经济体，站在整条产业链上，操盘整个产业，最终建立了一个千亿级平台企业。

家装产业共同体

艾佳生活是一个家装产业的产业共同体平台，它没有自己的设计师，没有自己的销售团队，也没有自己的装修团队，虽然只有200多名员工，但短短3年时间就创造了一个“独角兽”。

艾佳生活发现了一个巨大的流量入口——房地产巨头万科。南京市每年可能有10多万人要买房子，都会到万科最好的样板房来看，因此艾佳生活就以这种方式与万科展开合作：艾佳生活帮万科装修样板房，而万科的售楼人员和经纪人则帮艾佳生活推销其装修服务。

于是，这个家装市场就完成了一轮迭代：比如，艾佳生活找来顶级的设计师，分别设计厨房、客厅、卧室等不同的房间，然后把设计师们的作品全部IT化，通过算法给用户推荐最适合的设计师，最适合用户的风格，最终让消费者自己决定整套装修方案。

艾佳生活没有自己的销售团队，它借助地产商的销售能力把自己的装修服务卖了出去。这就相当于把闲置的员工资产进行再次变现。

打造一个共享经济体，和每一个领域最优秀的团队合作，整合当地最优质的资源，最终通过共享采购、共享物流、共享供给侧，艾佳生活快速地突破困境，取得了巨大的成功。

货运共同体

满帮好比是一个货运版的滴滴。在将货车帮和运满满合并后[①]，满帮集团拿到了19亿美元的融资，估值约为70亿～80亿美元。它把货源信息和车主信息对接起来，形成供需的智能配对。

从数据看，中国700万辆干线货车中有520万辆车的司机是满帮会员，中国150万家物流企业中有125万家是满帮会员，中国公路货物日周转量182.8亿吨公里中有135.9亿吨公里是通过满帮平台发布的。同时，在满帮平台上，认证的司机用户有650万，认证的货主用户有160万，用户量突破810万。满帮集团业务覆盖全国339个主要城市，覆盖线路数量超过11万条，2020年成交额达到1738亿元，而且每日数据积累量超过15TB。

满帮搭建的平台已经实现了交易闭环，确保了用户的交易效率和交易安全。从产业路由器的角度来看，满帮打造了一个交付路由器，让司机跟货主实现订单匹配，从而进行快速交易，而"母业务"则是金融服务，例如司机贷款、ETC白条、加油白条等。

① 这两家均为货车司机与物流货运需求方的配对平台。

投资共同体

投资的本质是追求确定性，风险投资行业就是一门在不确定性中寻找确定性的艺术。它遵循的是“590效应”，即在一个行业中最后坚持下来的5%的企业，收割了90%的市场盈余。但如何能够发现、领投或跟投这些5%的企业呢？这是一个低概率事件，充满了高度的不确定性，不过这5%的企业，往往大概率都被同一赛道的战略投资基金巨头、顶级基金或有顶级基金出身的新锐基金选中。

盛景嘉成母基金在过去5年中，投资覆盖超150个IPO项目，光2020年IPO上市项目就有43个。盛景嘉成母基金平台是连接全球创新的资本路由器。它的资金池把很多愿意投资未来创新的企业家家族和高净值收入家庭团结在一起，它的项目池把以色列和硅谷世界两大创新摇篮和中国本地的60多只顶级基金团结在一起。每一期募集到的母基金资金都会根据基本原则和研究团队对未来的洞察，定向配资给严选出来的相关赛道的专业顶尖基金，这些顶尖基金都经历过多轮募投管退周期的考验。

与盛景嘉成母基金合作的GP（普通合伙人）投资人，在美国《福布斯》2019年全球最佳创投百人榜上占据了27个席位，这个榜单是创投界的“奥斯卡”，榜单名取自能够点石成金的迈达斯王神话，因此又称“金手指”榜单。

冻品产业共同体

冻品产业是一个卖方市场，是一个缺货、缺钱和流通效率较低的市场。从产业链源头的养殖、屠宰到终端零售、消费，整个产业链数字化程度极低，全产业链没有大数据去指导生产与销售。在存量市场，产业链急需数字化转型来重构产业链，形成产业利润再分配。

飞熊领鲜以金融路由器为核心模式，构建金融路由器、物流路由器、交易路由器3个产业共享飞轮，金融带动规模，物流交付带动效率，交易带动成本，打造生鲜冻品产业互联网数字赋能平台。

飞熊领鲜平台上线10个月就已完成1000多笔供应链金融业务，贷款日均余额1亿元左右，且无逾期、坏账，累积放款金额超5亿元，带动贸易额近10亿元，帮助产业链上的用户提升近3倍的贸易额。

08 产业路由器模式的构建

打好第一仗：存量战争

如何将产业共同体的新规则、新结构、新制度落地呢？企业要打好两场仗。

第一仗，就是存量战争。无论是线上还是线下，已经没有太多新增的流量了，大部分都是存量。这意味着有大量的资产处于闲置状态，如客流、商品流、资金流、物流、信息流，企业的员工和用户也有大量的闲置资产，如时间资产、空间资产、社交资产、消费资产等。这些闲置的资产耗掉了损益表上30%～60%的销售费用。比如，在大部分低频场景中，一旦客户交易结束，用户价值就会归零，企业可以把这些闲置资产集聚起来，打造一个产业共同体。

存量时代，闲置的流量资源会越来越多，企业间应该共享彼此的流量，把流量从公域流量池引入私域流量池，并通过小程序沉淀下来。比如，微信小程序2020年的日活跃用户数量突破4亿，交易规模突破2万亿元。这庞大的用户群体覆盖了超过200个行业，此外还有百度小程序、支付宝小程序等。企业可以和阿里巴巴、腾讯、快手、抖音等合作，团结一切可以团结的力量来建立自己的“数字移民共和国”。

产业共同体的核心就是“团结一切可以团结的力量”，即让产业链中拥有闲置资产的参与方之间共享彼此的闲置资源。

在BAT、TMD、PKQ和小红书，特别是抖音、快手的腰部和尾部流量，以及线下大卖场、购物中心、社区小店中，还有大量没有成型的流量池。因此，企业一手要抓好大流量池的私域化，另一手要抓好碎片流量池、社交流量池的公有化，把大量闲置的用户流量共享起来，建立分布式流量池。在此之前，企业要思考还有哪些市场和场景的流量没有被开发。

直播与公众号、短视频的作用类似，它可以活跃用户、建立连接、建立信任。根据我的观察，直播建立信任的效率非常高。一旦用户对企业建立了信任，直播会给企业带来很大的交易转换量。所以，直播会成为未来零售业最主要的基础设施。

腾讯、抖音、快手等企业在大规模推广直播，它们的社交流量池会产生新的机会。快手直播是“老铁”（快手观众）经济，它是目前效益最好的收费模式。抖音靠广告驱动，通过实际销售量进行收费，未来可能会转变为按曝光度进行计算收费的模式。

目前，企业做直播最大的困难在需求端。企业不能只去搞私域流量池，也要抓好公域化的工作。

另外，在抖音、快手、小红书等渠道有很多腰部、底部网红。一些腰部网红甚至有100万以上的流量，很多网红机构在孵化这些网红。而一些底部网红，可能只有1万～5万粉丝，没有任何供应链能力，也没有大MCN与他们合作，但是他们有一定的潜力。

无论是线上还是线下，短视频、MCN的流量池都存在大规模闲置的情况，企业一定要抓好这部分私域流量池的公有化，同时也要完成公域流量池的私有化。在抖音、快手、哔哩哔哩、小红书这四大流量阵地上，企业要做好布局。

私域流量池

小程序是进行私域转化最好的工具。抖音、快手有很多腰部或者尾部的流量，企业可以借助工具把它们变为自己的私域流量。

在私域流量池体系当中，最重要的是超级用户，他们是一切成果的种子，可以给企业带来裂变式增长。“裂变式”的比喻，意味着这种增长方式正如核裂变的原理一样：超级用户就像是铀核，头牌商品就是快中子，而高消费频次的场景则是热中子堆，这三者在催化下产生核裂变的惊人力量。

比如，孩子王的每一个母婴顾问都是超级用户，他们精准地服务于孕妈及家中拥有14岁以下儿童和婴幼儿的中国新家庭们。通过与一线顶级品牌的合作、厂商定制商品以及自有品牌打造，孩子王提供了最优质的头牌商品，最后通过高消费频次的场景——线上微信等渠道的实时连接和消费者部落以及线下的店铺服务和活动，最终形成了孩子王独特的“人、货、场”三方之间的高度匹配。

有关调研显示，在三度社交模型下，孩子王通过6000名超级用户型的员工，以客户关系产生120万粉丝，而粉丝间的推荐和口口相传，最终带来近3000万会员。

在这种模式下，客户和孩子王的育婴顾问们产生了深度连接。妈妈们遇到孩子生病等问题，就会给顾问发照片并询问护理方法，甚至会拿着医生给的医嘱向顾问咨询如何遵照执行，这种信任就是育婴顾问和妈妈们之间的深度连接。

一般来说，一个育婴顾问服务着1000名用户，而且至少拥有一个500人数量的大群，由此产生了三度社交，最后产生巨大的消费者裂变。

按照孩子王的CEO徐伟宏的话说，孩子王在每一个会员身后放置了两个角色，一个是工程师，一个是育儿师。前者通过数字化手段高效响应用户需求，后者则通过服务与会员建立情感上的深度连接。

有关财务数据显示，孩子王黑金卡会员ARPU达到8900元，一个店铺日均客流为5000人，周末达到1.3万人，甚至有些购物中心的主要客流都是孩子王门店带来的。

孩子王会在线上为会员提供一套服务体系。从新会员到普通会员，到潜力会员，再到高阶会员，孩子王为他们提供从健康、娱乐，旅游，到金融、支付、内容、社交等各类内容。

孩子王依托这样的服务体系开发了移动端软件，做到了“人客合一”。这款软件的核心是数据驱动、单客驱动的精准营销，它能告诉母婴顾问某个顾客最近购买了什么，什么时候购买的，并列出最近建议沟通的优先沟通群体。它甚至可以基于既有的用户画像，通过不同方式帮助顾问和消费者进行沟通。同时，在该软件上，各类数据都是实时显示的，例如在大促销时期商品的转化率、核销率等都可以随时查看。

通过孩子王的例子，我们可以看到私域流量池是如何搭建起来，以及是如何在线上、线下发挥作用的。

私域流量公有化

兴盛优选团结了小区内的夫妻店，这样的小店与消费者距离非常近，社交属性也非常强。小店店主和社区老百姓是弱关系，但有着天生、长期的交易关系，这样的关系具备基本的商业意识。截至2020年，当50万个社区小店的碎片流量连接到兴盛优选这个社区团购平台，每天能够稳定产生1200万张订单。正是因为和小区业主产生了更深的联系，所以兴盛优选才能有如此快速的发展。

场景流量路由器

在场景流量路由器的需求端，企业可以打通线上和线下，建立一项高价值、高毛利、高库存的非标服务，从而建立起自己的私域流量池。而在供给端，企业可以实现公域流量池的私有化和小流量池的共享化，进而建立社交流量池和消费部落（见图8-1）。

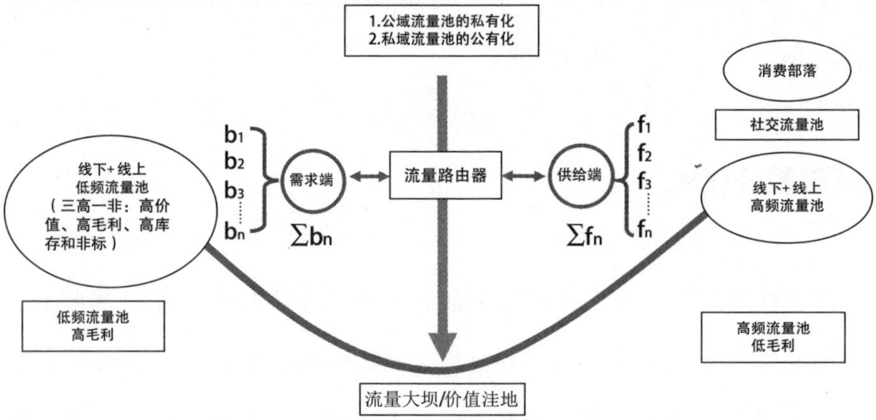

图 8-1　流量路由器

用一个例子来说明。假设每天有600万名消费者走进永辉超市，其中10万人是购买老干妈产品的用户，永辉超市从每位购买老干妈的用户中赚得2元毛利，总毛利只有20万元。那么如果换一种经营方式，比如和接近用户口味的川菜馆合作，永辉超市可以把原本来超市购买老干妈产品的10万客户资源共享给川菜馆，通过给用户发放“麻辣诱惑金币”的方式，引导他们去川菜馆消费。假设在30天内，有3万个消费者去了川菜馆消费，平均消费500元，这就给川菜馆带来了1500万元的收益，然后川菜馆再将收入的5%分成给永辉超市，这样一来，永辉超市就有了75万元额外的收入。分配这笔收入时，永辉超市作为流量的提供者，可获得50%，消费者用户可获得30%，最后的20%投入“超市—川菜馆”共同体中。这意味着永辉超市可多赚37.5万元的毛利，这就是共享流量的逻辑。如果每个场景的参与方都来“经营人”，愿意把自己大量的闲置流量共享起来的话，用户资产就会变得更有价值。

如果说阿里巴巴、京东、拼多多等平台电商是公域中央经济模式，流量红利基本进入尾声，那么接下来就是私域经济的大战，特别是人口密度和获客成本最低的社区和小镇等。

要打造好分布式的、共享流量的大坝，一方面要做好公域流量池的私有化，另一方面做好私域流量池的公有化。

具体部署，我们可以分三步来完成：

第一步，资产通证化。企业可以把人类社会经济活动中大量闲置的实物资产、虚拟资产和数据资产，特别是尾货资产、用户资产，进行通证化记账。

第二步，智能配对。企业借助产业路由器的基础设施，即DaaS数据中台和AIaaS，用AI和大数据智能进行供需双边智能配对。

第三步，公平且及时地分配利润。按照用户资本主义的币权制度的分配模型，所有共同体的参与方（包括用户）一起及时地、公平地分配利润。

总之，从共识到共建，从共建到共享，再从共享到共生，这是形成产业共同体共生经济体生态的关键路径。

直播路由器

过去，做产业路由器最大的问题还是流量。微博、BAT等老牌互联网产品的流量成本越来越高，但是回报却越来越低。现在是抖音、快手、哔哩哔哩等新兴互联网产品的时代，也是一个全民直播、全民视频、“让人人拥有一个短视频电视台”的时代。随着这些互联网产品的崛起，直播将成为越来越重要的企业流量载体。

当然，企业也可以采用按照月度来接单的模式，鼓励网红主动去做推广。如果能连接1万个小主播，那企业完全可以拿下500万名用户，半年内甚至可以突破1000万用户，这是目前产业路由器最好的模型。现在很多MCN机构经济能力较弱，虽然到2020年已有2.8万家MCN机构，但是这些机构中大部分网红的影响力还是不够。

企业应当团结一切能团结的MCN机构，成为该产业的直播流量平台（见图8–2）。

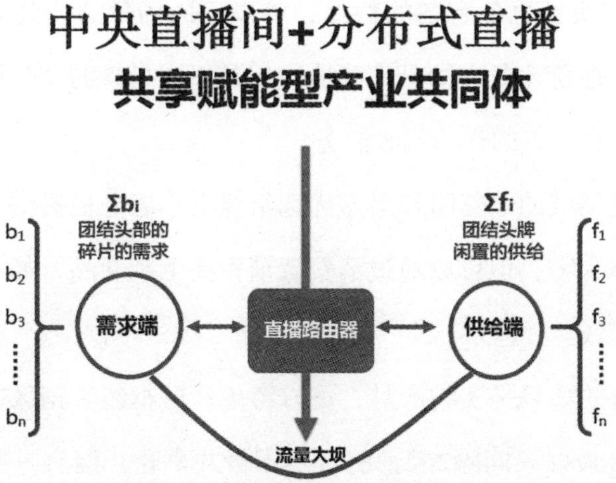

图 8-2 垂直产业直播路由器模式

选品是直播中的一个关键问题，供给端不论是卖服务还是卖商品，一定要控制数量，把控质量。

直播平台要与用户建立信任感，增强用户黏性，比如辛巴就有庞大的消费者数量，为消费者提供头牌的商品和服务。针对不同的需求提供不同的商品，可以处理尾货、处理库存，但是一定要挑好的品牌。产业路由器的形成不是用来教育消费者的，而是提供他们熟知的东西。

除非你每次直播都有一批拥趸、一批“老铁”帮你说话，但是我们现在的直播间很难开放所有人说话，没法搞成对话模式。但是我们可以搞两三个人的小组，找几个超级用户一起对话、聊天，这个气氛也是可行的。

供给端的下一个问题就是“公业务”和“母业务”问题。“公业务”

很重要，但也要看是什么样的直播，小鹅通这种工具型的直播并没有太多流量，抖音和快手也各有各的特点，所以不同场景的“公业务”是不同的，有的是高性价比，有的是高颜值，但是不同场景的“公业务”一定得是毛利要相对高一点的产品或者服务。

社区团购领域的十荟团和兴盛优选给线下小店老板提供“公业务”，虽然毛利基本为零，但可以通过消费者消费高毛利商品，如小家电、家居百货等，来赚钱。

直播带货的如果是实物产品，可以考虑产区枢纽、销区枢纽的逻辑，从产区到销区最好只间隔2天，前台是零售共享仓，但有一些商品相对来说交付得慢，需要更长的周期。当供应商开始启动这个市场的时候，特别是在做自营的时候，比如社区宠物店路由器，每个小区你都要去，把店老板谈完，给他们提供合作，同时可以通过众包提供宠物洗澡服务，把这些都共享起来，也就把人都团结起来了。

打好第二仗：效率战争

巨头的裂缝

我家有一个小花园，但花园里的土地较硬，需要翻土，我在京东app上下单买了一把锄头，但是它在五天五夜之后才送到我手上，且我支付了

28元的运费。电商经济的效率有时并没有想象中的那么高，也许我家附近就有卖锄头的小店铺，但因为他们没有加入阿里巴巴或京东的平台系统中，便无法高效地让消费者查询并购买。

根据阿里研究院的数据，在淘系品牌里面，每件物品的平均运输距离是1000公里。层层分销模式导致80%的库存积压在产业链的上游和中游。2019年，因层层转运而产生的物流成本占据GDP的14.7%，大量无效库存和无效运输浪费在高度碎片化的线性分销链条上。

从全国跨地区的购物订单情况来看，淘宝上买卖双方的平均交易距离是1000公里，在今天这个电商行业高度发达的时代，电商市场的效率并不高。这和它的商业模式有关。谁给平台的推广费用多，平台就让谁上头条，而不能上头条，就意味着没有流量。

但即使买了展示位，拿到了流量，卖家也未必能做成生意。

在物流方面也存在不少效率低下的问题，比如，跨境流通需要的时间依然很长，从昆明到北京有2600公里，物流需要4天；韩国首尔到北京只有1000公里，物流却需要10天。又比如在整个物流体系里，劳动力供给正在下降。

线性分销的黄昏

从商业模式看，前文讲到的问题正是过去企业存在的裂缝。这种流量分发的模型造成了供给端大量的浪费，这些浪费反映在物流费用当中。

2018年，中国GDP突破90万亿元，但同年，全国物流费用接近13万亿元。2008年，物流费用占GDP的8.1%，2017年该比例为14.6%，只降低了不到4个点。

如果从上文买锄头的例子来看，电商购物的物流费用无疑是一种浪费。每年国内都有大量的资金消耗在了运输路上，这是为什么？因为国内是线性分销，也就是从品牌商的工厂到一级批发商、二级批发商、三级批发商，再到小店或者电商前置仓，最后才能到消费者手上。

在这个过程中，品牌的多级分销商和最后的零售商存储了大量的库存，彼此之间还没有做到互联互通，分销商和零售商们产生了大量的闲置和浪费。

今天，这种层层加价、层层压货的模式导致了供应链体系的断裂，一个货物至少要运输7次、8次，分销商不得不一直保有库存，全链路总库存周转天数在60～200天。

在这个链路中，大规模的资金浪费、运输浪费随处可见。以月饼为例，为了在中秋当天让消费者吃上月饼，工厂可能在半年前就开始策划、生产，可是后来大家不爱吃月饼了，于是就出现了月饼券。月饼券出现后，月饼并没有被反复运输，而那张月饼券多次转手，只有在真正想吃的人那里，他才会拿着券去指定地点兑换。

经济生活中有太多的浪费。每个店铺都有自己的库房，而每个库房的库存并没有被共享，为什么不能让所有生产出的商品在源头产地被集中起来，做一个干线物流呢？其中蕴含着一个无比巨大的物流市场。

再看看中美货运周转量的比较数据。2007年，中国货运周转量是4.7万亿吨公里，美国货运周转量则是8.7万亿吨公里。2020年，中国货运周转量超过美国，达到22万亿吨公里，而美国则在12万亿吨公里左右。

从宏观经济来看，2019年中国的GDP接近100万亿元，但根据中国发改委发布的数据①，社会物流履约总费用超过14.6万亿元，同比增长7.3%；作为衡量社会物流运行效率的主要指标，2019年社会物流总费用与GDP的比率为14.7%，比上年同期下降了0.1个百分点。其中，总的运输费用为7.7万亿元，比上年同期上升7.2个百分点。如果我们能降低无效物流所产生的运输费用，那么中国的GDP还可以有更大的发展。

从“价格战”到“效率战”

我们不能去打价格战，而是应该去学会如何打赢效率战。

市场营销理论中有一个话术叫“牛鞭效应”。它是指供应链上的一种需求变异放大现象，使信息流从最终客户端向原始供应商端传时，无法有效地实现信息共享，使得信息扭曲而逐级放大，导致需求信息出现了越来越大的波动。比如，用户需要100箱啤酒，商店向经销商订300箱的货，经销商向制造商订900箱的货，而制造商的生产计划可能会超过1000箱。

① 数据来源：《2019年全国物流运行情况》，https://www.ndrc.gov.cn/fgsj/tjsj/jjyx/xdwl/202004/t20200421_1226120.html

在这个过程中，供给端产生了无效的生产和供给，产生了巨大的库存囤积，大量的资金被占用而且没有任何收益，从而也导致履约时间越拖越长。

每个品牌的分销网络遍布全国，分销体系的本质是更全面地覆盖全国分散的客户，如何将履约成本、全链路和总库存降下来呢?

如果每个品牌商只建立自己独立的全国分销网络，彼此之间互不通畅，那么这样一来效率十分低下。但如果把每个品牌商的分销网络汇集成统一的全国分销网络，通过产业的集群，实际2日送达各地，这样整个产业链会变得更加轻松。

想要打好这场效率战，要团结的不是传统的物流公司，也不是电商物流公司，而是分销商、品牌商。在不改变企业的分销代理关系和供应链关系的情况下，就能减少全链路的资金占用问题，把企业的履约成本降到10个点以下，并随着网络效应和物流枢纽的建设，再逐步下降到5%以内。

数字货票，从重分销到轻分销

除了线性分销，另一个影响效率的问题是市场上供需双方的严重错配。想要解决这个问题还是要从物流切入，降低履约成本，从中心化的物流体系进化为分布式物流体系。这一步是要打造物流产业路由器，它会带来巨大的改变。

为此，我们要引入数字货票的机制，也就是通证机制，将所有的产品用通证映射到数字端，让产品从生产到消费者手中的流程只需要运输2～3

次，极大降低各个层级的库存压力，提升周转效率。

以月饼券为例。我们可以设计一款线上月饼券，记录在区块链或者分布式账簿当中，把所有资产记下来，映射到数字端，全程建立链接，就可以从线性分销模式进入一个透明的共享模式当中，杜绝不必要的浪费。

三级高速缓存

最后，我们以三级高速缓存体系为例，看看物流产业路由器是如何运作的。

首先，我们挑选一个1万亿元级别的市场，团结一批品牌商和他们的分销商，按3个高速缓存仓的结构（见第5章“智能物流枢纽”一节）重建一条轻分销体系。这一体系可以让全链路资金占用量减少90%，总库存天数缩短90%，不同品类的流动周期，从原来的30～200天，减少到3～20天。

交易链条上原有的层层分销体系和利润分配制度保持不变，但在履约链条上会有一次大改变：确保每级分销商没有库存，也不会占用资金。

怎么消灭这个庞大的库存呢？我们可以把库存资产数字化，可以建3个高速的库存缓冲区：在产区可以建立5个产区枢纽仓（48小时到达全国销区枢纽的全品类的低频产品共享仓），在销区可以建立22个销区枢纽仓（24小时到达最近的零售终端的中频产品共享仓），在零售终端团结10万个门店，把它们改造成高频产品的共享仓（保证每一笔订单都能在2个小时甚至30分钟之内到达）。总之，通过数字货票体系，我们可以建立需求驱动的产业链履约能力。

在产区存放低消费频次的商品；在销区枢纽仓存放中等消费频次的商品；而在门店要进行产品精选，把高消费频次的头牌产品放在那里。这样一来就节省了成本，可以把这些不必要的库存成本返还给分销商、品牌商，大家的竞争力也就更强了。和供应商共享货品，实现3天配送的物流能力，把高消费频次的货品放在店里，货物的需求度越高，就让它离消费者越近。在销售端，企业依靠团结门店、赋能门店来获取消费者，不需要亲自去开店。同时，门店库存也可以共享，A店卖不出去的商品，可以通过B店销售。基于这一套体系，电商平台的订单也可以实现30分钟之内送达，大规模降低履约成本，让商品从店铺配送到家，而不是像传统的电商那样从大仓里配送到家。

去中心化平台

数字战争打得如火如荼，亚马逊如日中天，似乎没有企业能挑战，但是加拿大的一个小伙子开创了一个新模式，集中了100多万个经销商、零售商、品牌商，打造了一个完全去中心化的电商基础设施，这家公司叫作Shopify（一站式SaaS模式的电商服务平台），目前市值已经超过1200亿美元。

Shopify的创始人托比·吕特克先生说："亚马逊正在建立一个帝国，

而Shopify则在试图武装叛军。”当年的亚马逊打造了电商基础设施，现在Shopify也做了相同的事。

2015年5月22日，Shopify在美国上市，首日股价报收盘价为25.68美元，2020年7月1日突破1000美元。5年多时间内市值暴涨40倍，这后面有什么故事呢?

Shopify正在成为全球电商零售行业的新生力量。亚马逊、阿里巴巴、京东、拼多多等企业建立了中心化的电商基础设施和商业操作系统，这些中心化平台是一个庞大的“数字移民共和国”，但该“数字移民共和国”运行的底层逻辑是一种强管控、广告驱动的智能算法分配流量，且该逻辑使得大量商户受制于这些平台，失去了活力。而Shopify则建立了一个去中心化的电商基础设施和商业操作系统，恢复了这些私营经济的活力，激发了商户的积极性（见图8-3）。

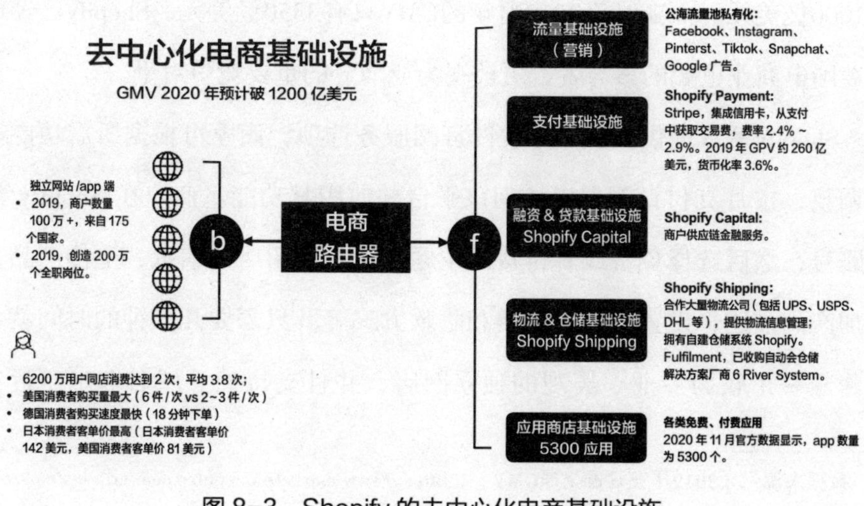

图 8-3　Shopify 的去中心化电商基础设施

截至2019年12月31日，亚马逊全站点有800多万名卖家，其中有293万名活跃卖家，也就是说有293万名卖家当前有商品在售。2020年疫情的爆发催生了大量DTC品牌商的崛起，也加速了在阿里巴巴及速卖通上销售的亚洲制造商和批发商跨境电商业务的快速增长，从而帮助Shopify逐步建立起来一个新兴的电商生态。100多万家中小企业和DTC新消费品牌在亚马逊平台上已经触摸到了增长的天花板，它们被迫转战独立站电商运营。Shopify帮助每一个商家建立自己独立的网站和app，形成电商产业路由器，赋能零售商的品牌，介入社会化的物流基础设施、金融支付基础设施和数千家电商应用软件公司。

Shopify公布了截至2020年9月30日的第三季度业绩，第三季度营收7.674亿美元，同比增长96%，GMV为309亿美元，同比增长109%。受新冠肺炎疫情影响，美国大量的线下消费需求涌向线上，预计全年的GMV将突破1000亿美元。而亚马逊2019财年的GMV只有3350亿美元，Shopify已经成为美国电商业重要的参与者，更被视为亚马逊的重要竞争对手。①

Shopify平台提供多种SaaS软件订阅服务选项，商家可根据所需功能进行调整，按月支付订阅费以访问该平台并使用其功能。商户在 Shopify 注册账号，然后选择免费或者付费的主题模板，介绍店铺信息，上传产品，添加产品描述，设置价格、运费和收款方式等。只需要几分钟的时间就可以建立一个较为专业、美观的独立网店，并且支持独立域名绑定。近年

① 数据来源：《2019年亚马逊全球GMV》，https://www.marketplacepulse.com/articles/amazon-gmv-in-2019

Shopify不断引入和丰富平台功能及其配套服务以提高平台客户黏性，例如增加线上AR/VR购物体验功能。此外，Shopify还集成了众多免费及付费的app，可以更好地完善并拓展网站销售功能，提升用户购物体验。

同时通过Shopify的平台，商家能够管理产品和库存，处理订单和付款，建立客户关系和利用分析报告等。Shopify提供了在线商店创建和管理等问题的解决方案，包括运行电子商务商店所需的所有功能，如商店前端完整的网站创建、购物车、营销和SEO（搜索引擎优化）、网络托管、分析数据、移动应用支持、技术支持、博客平台、订单处理、客户账户和订单履行等。2019年，公司宣布建设自己的仓储系统，并收购了自动化仓储解决方案厂商6 River System。

Shopify 电商路由器模式

从工具到生态，Shopify表面看起来是SaaS公司，其实早已从SaaS发展为XaaS（包括交易即服务BaaS，物流即服务LaaS，金融即服务FaaS），成为电商产业的路由器和数字基础设施。

Shopify平台建立了单一集成后台办公室，主要包括支付、物流、仓储、金融以及 POS 机硬件销售等业务。近年来保持 50%以上的高速增长态势，目前的GMV货币化率超过2%，收入占比已经过半。商家可以通过Shopify平台管理产品和库存，处理订单和付款，匹配和追踪物流，完成和发送订单，建立客户关系，分析数据，甚至获得融资贷款等。

Shopify在订阅服务之外，面向平台商户提供更全面、多样的商户服务，包括接受付款、运输和交付，以及加强营运资金管理。其中，支付业务是商户服务的主要内容。

支付路由器服务

Shopify的支付基础设施Shopify Payments为商家提供集成的支付处理服务，商家可以在线或离线接受并处理支付，还可以通过集成的后台功能和分析功能来追踪订单和支付情况，有助于提高商家的用户留存率。Shopify Payments提供支付渠道并与Stripe（科技公司）合作，整合了信用卡支付系统，并从支付交易额中收取交易费用与信用卡系统分成（构成支付业务的成本项），交易费用率一般在2.4%～2.9%之间，毛利率水平相对较低。另外，对于未通过Shopify Payments的交易，平台收取0.5%～2%不等的交易金额的费用。2019年，Shopify支付业务的GPV约260亿美元，以90%的商户服务收入作为支付业务收入估计，则对应货币化率约为3.63%。

金融路由器服务

Shopify的融资、贷款基础设施Shopify Capital为商家提供供应链金融服务。Shopify Capital通过提供简单、快速、方便的流动资金，帮助有资格的商户获得融资并加快业务增长。Shopify与第三方保险公司达成协议，给Shopify Capital为其他商户提供的部分预付现金提供担保。2020年，公司举办线上Reunite（再联合）活动，宣布推出 Shopify Balance（余额）、Shop Pay Installments（店铺分期付款）等产品和服务。Shopify Balance包含Balance账户及Balance Card（计分卡），主要为商户提供付款、现金流管理服务，同时Balance Card也能用于日常消费及提现。Shop Pay Installments主要为消费者提供分期付款等支付服务。

交付路由器服务

Shopify履约是指从客户订单的接受、处理优化、物品拣选、订单整合、包装到送货到家的全过程。2019年6月，Shopify推出Shopify Fulfillment Network，这是一个地理位置高度分散的去中心化的分布式物流履约网络，计划在未来5年内持续完善基础设施建设。Shopify通过交付路由器，与越来越多的第三方仓库和第三方物流公司连接起来，支持多种渠道，定制包装，以及为消费者提供退换货服务。Shopify通过需求预测、采用智能库存分配等方式确保订单能够快速、低成本地交付。平台与多个物流公司合作，商户在平台上选用不同的物流服务可以享受不同比例的折扣，同时平台也提供物流信息管理功能。在智能库存分配技术的支持下，Shopify使用机器来预测存储和运输产品的最佳地点，这样可以尽快将产品送到客户家里。

流量路由器服务：公域流量私有化

Shopify 通过流量路由器和公域私有化导流工具，将全球头部的公域流量池，比如谷歌、Facebook、Twitter、Pinterest、Instagram、YouTube、Snapchat等连接到每一个商户，打造一个全球性的全渠道电子商务平台。

Shopify作为工具平台本身并不带流量，独立站站外引流才是关键。在Shopify开店后商户需要通过内容营销，SEO、谷歌广告、Facebook广告、Instagram等社交营销渠道，网红营销、联盟营销等来为自己店铺做推广并获得订单。Shopify平台提供多样化的营销手段，如电子邮件营销、社交媒体营销、站外营销矩阵的布局、广告投放优化、形象内容创作等营销手段。

据英国《金融时报》报道，Shopify与中国字节跳动公司的抖音国际版TikTok达成重大战略合作。按照合作协议，目前Shopify的100多万名商户老板将可以从Shopify应用商店安装新的在TikTok中进行的应用渠道，从Shopify仪表板创建、运行和优化商户在TikTok中进行的营销活动，这样一来，商户们能够更容易接触到使用TikTok的数亿青年用户，扩大销量。安装后，商家将可以使用TikTok商业广告管理的主要功能，这意味着TikTok的用户在浏览短视频时将能够通过Shopify进行购物。目前，TikTok在全球拥有8亿多活跃用户，其中约1亿的活跃用户在美国，合作关系最终将扩大到包括其他应用内购物等功能。

当客户在Instagram上使用其商户的产品来标记自己的照片时，Social Photos（社交照片）应用会自动将它们整理到图库中，每张照片都可以通过链接销售产品从而促成更多的交易。你可以突出显示最佳的客户照片以鼓励新客户购买，也可以创建主题产品图像库。

Shopify高管意识到他们不能构建客户想要或需要的所有东西，所以他们让其他人为他们构建苹果和Salesforce（一家客户关系管理软件服务提供商）的应用商店模式，允许第三方开发人员开发应用程序，并将应用程序汇集到Shopify平台，为商家提供特定的服务，商家可以整合谷歌、Facebook、Instagram和TikTok等广告渠道。

截至2020财年，数千家公司帮助Shopify开发了5300多款应用和解决方案，只不过多为企业应用。开发人员可以构建和部署应用程序到Shopify应用程序商店中，而Shopify从应用商店的每次应用软件销售中抽取20%的费用。

贝壳找房的产业路由器模式

传统的中国二手房中介行业，整个中介市场处在一个高度碎片化、低效率的个体户生存状态。例如经纪人A收了一个三居室的房子，意味着几万佣金，因此经纪人A往往会把这套房源的信息牢牢掌握在自己手里，不会把真房源放在网上让大家看到。在这种情况下，单个公司或者单个门店因为受到时间和空间的限制，每天上门来的客户不多，客户能找到的房源也有限。因此整个二手房中介行业交易周期长，一个经纪人平均90天成交一单，好不容易收到一套房子，可能要3个月才能卖出去，整个交易效率太低了。而链家的创始人左晖先生思考：为什么不可以把卖不动的二手房放在平台上，让别人帮我卖，卖快一点，有钱大家一起分呢？这就是贝壳找房平台诞生的初衷。2018年，左晖创办了贝壳找房，打造了这个行业第一个产业路由器平台，全面开放自己的资源和数字化能力。

公母业务

链家率先把自己的二手房真房源共享在贝壳找房的平台上，当其他房产经纪公司帮链家卖掉二手房后，可以得到55%的佣金收入。这样一来，贝壳找房团结了近300家传统的房产经纪品牌公司，化敌为友，每家都把自己卖不动的真房源贡献到平台上。截至2020年第4季度，贝壳移动端月活跃用户人数（MAU）达到4818万，同比增长高达88%。贝壳平台连接的经纪人超过49万，同比增长37.9%；连接的经纪门店数超过4.69万家，同比增长25.1%。贝壳上每个经纪人平均每年服务16个家庭，平台平均为2万多个家庭找到理想居所。

与此同时，贝壳找房通过二手房这个相对高频和刚需的公业务，紧紧围绕客户的需求，进入新房和新兴业务，收割了大量的利润。2020年，贝壳存量房业务总交易额（GTV）为人民币1.94万亿元，同比增长49.5%，全年存量房营业收入为306亿元，同比增长24.4%。新房业务总交易额为1.38万亿，同比增长85%，全年营业收入同比增长87.1%，达379亿元；新兴业务全年营业收入20亿元，同比增幅达68.7%，与其他主营业务的协同效应逐渐显现。

经纪合作网络

每个中介的性格、专长各不相同。2018年，贝壳打造了一个全面开放的经纪合作网络，将房产交易分成10个角色，包括房源获取、录入、房源维护、客源推荐、客户服务、客源成交等不同环节的工作，并让不同性格和专长的人分别从事房源获取、房源信息录入、客户服务、交易等不同环节的工作。在贝壳平台上，所有的经纪公司和经纪人可以根据楼盘字典的要求，添加真实房产信息，并形成一个共享信息的数据库，所有的经纪人都能看到合作范围里的所有挂牌房源，通过跨门店、跨品牌、跨经纪人之间的合作以达到高效撮合交易的目的。行业工种进一步细分，不仅极大地提高了每个环节的工作效率和专业度，还让之前是竞争关系的中介同行变成了合作者，共同为客户提高了更优质的服务。

赋能体系

房地产行业最大的特点是客单价高但是超级低频。产业互联网不是简单地在流量端收割流量红利，而是要深入产业腹地，深度改造一个行业，特别是在供给端，需要深度改造供应链。贝壳找房从数字基础设施赋能、产品赋能和经营赋能3个方面，为其他品牌主提供了大量的赋能工作，不遗余力地帮助他们成功。

首先是数字基础设施赋能。贝壳找房基于经纪合作网络开发了一系列工具和解决方案，为每一位经纪人打造了一系列提升服务专业度和交易效率的工具，如VR看房、租房及二手房在线签约、线上贷签和资金存管，把楼盘字典、整个交易全服务链等中介行业的产业数字化，全部纳入贝壳的数字基础设施建设，对作业流程和交易场景进行了根本性改变。每个加入贝壳找房的品牌主，每天打开手机app后台就可以看到公司、每个门店、每个经纪人的业绩，市场行情数据，根据这些数据做决策。同时，贝壳已经建立了一个基于IM即时通信的数字化应用场景，通过知识图谱来解决经纪人和用户的看房问题。

其次是产品赋能，因为房产交易需要更深、更完整的房源数据，贝壳找房依赖链家早期多年积累的楼盘字典、AI等技术手段，建立了真房源高效鉴别机制。贝壳找房的每一套房子有400多个维度的数据描述，例如一个真房源的楼盘字典，除了基本信息档案之外，还覆盖权属、价格、签约、带看、通勤、周边、地理位置等关联数据。这些数据除了进入经纪人作业场景中，VR、AI技术也在同步推进，用户及服务者可应用VR进行更深的交互。这一过程中产生了更多的行为和偏好数据。截至2020年年底，贝壳楼盘字典累计收集了中国2.4亿套房屋的动态数据，以及超过900万套房屋的VR房屋模型。

最后是经营赋能。一方面，为建立更加公平、透明的市场，贝壳先后推出了“陪审团制度”“店东委员会制度”和“商圈委员会制度”，目的就是让合作伙伴共同参与决策，自治自理，形成居住服务共同体的公约力量和约束机制。另一方面，贝壳重构了平台、品牌方和经纪人的新型关系，构建行业最完善的经纪人成长体系，在招、育、留等多环节发力。每一个经纪人的职业分级和信用体系都采用贝壳分的评价机制，帮助训练和提升经纪人，促进服务者专业化、职业化发展，打造终身职业。

09 重构

产业路由器和电商经济体并不一样，正如在延安抗大时期，毛泽东同志讲过："所谓政治，就是把我们的人搞得多多的，把敌人搞得少少的！"这正是产业共同体的精髓。

我们希望产业互联网的光芒不仅能照耀消费者端，而且能照亮整个产业链，形成产业共同体。所以产业路由器为我们提供了一个最好的着力点，帮助实现从电商平台到产业共同体平台化的转变。团结一切可以团结的力量是共享经济最核心的思想，要把产业链里面具有最多闲置资产的参与方都找到，让他们有钱的出钱、有力的出力。产业路由器模式能够打破当前市场碎片化和同质化的困境，当从增量战争的时代进入存量战争时代的时候，我们可以借助它来重构整个世界存量经济体系。

本章将解决几个问题：我们追求共同体的出发点是什么？共同体的基本使命是什么？我们要转变的思想是什么？我们要遵循的逻辑是什么？

真正进入实战以后我们需要不断优化自己的想法、行动纲领、路线图，并且团结双边市场参与方。

本章最后我会和大家分享做好产业路由器需要做的六大准备以及实现产业路由器的七个步骤。

利他，共同体的灵魂

利他是一种新商业模式，是产业互联网时代一直在探索的最伟大的商业模式。如果能够团结一切可团结的力量，建立产业共同体，从过去的线性增长转变为指数增长，那么建立了产业路由器的平台方只需要投资赋能的团队和数字枢纽，随着共同体规模的迅速放大，其边际成本最终就会趋近于零。这种产业共同体会成为未来一种新的能力和商业生态，这种商业生态会形成一个“超级物种”，带动赋能型的共享经济体组织。

想要打造这种共同体，所要面临的最大敌人是自私。很多公司形成垄断后，并没有把利润分配给所有参与方，而是独吞了所有利润。这种垄断型平台经济体看起来有很大的市场价值，实际上却存在着很大的隐患。

对于收益而言，各个参与方要建立一个共识：大家要共同分配利润。这不仅是共识，也是游戏规则。合作中的一切收益都有迹可循，都可以数字化，这样一来大家才能没有后顾之忧地进行资源共享。

回归两个原点

当我们在建设产业共同体的时候，要记住的两个基本原点是什么？

不管抓新需求还是新供给，抓新流量还是新供应链，做工业品还是做消费品，做商品还是做服务，做迭代式创新还是颠覆式创新，新经济还是经济，我们仍然需要遵守经济学的第一性原理，回归两个基本原点：

（1）对于生意而言，它的本质是商品、顾客和体验；

（2）对于竞争而言，其本质是成本、效率和规模。

做生意永远围绕着顾客、商品和体验。商品和顾客是核心，在移动的互联网时代它们密不可分。

只有好产品才能够成为自媒体，才能够引起顾客的消费欲望。顾客之间的口口相传能够拉动消费。大多数从事零售业的人，总以为能左右顾客的思考，并且还是以自己的企业为中心，以产品为中心。

过去在工业化流水线上改进生产工艺是为了降低成本、提升效率、扩大规模，这种方式短期内是有效的，但长期来看，这种通过内部变革求得突破的方式不是长久之计。我们必须跳出只在企业内部求创新的限制，站在整个行业的角度上，实现向外突破，在整个产业链上进行改革。日本7-Eleven跳出限制后，进入了一种崭新的产业链共享经济模式，通过全众包建立了零库存和轻资产的商业模式，通过深度赋能和重度经营建立了高效率和高收益的共同体。

牢记三大使命

产业路由器的三大使命是实现实时连接、智能配对和创造价值洼地。

实时连接

如今是万物互联的时代。IoT、5G和区块链这三大技术，让我们能记录万物，形成“万物账本”。在这本“账本”里，我们也能为每一个用户建立账户并记录他的所有行为。产业链上所有参与方都可以看作我们的用户，我们通过将产业链上的每一个节点都数字化的方式来发现用户和超级用户，并把他们紧密地连接起来。

智能配对

通过AI和大数据技术进行数据的挖掘与分析，我们能提高企业的供需匹配能力。通过智能算法让供给和需求快速配对，极大地提升效率，进而在共享赋能型的产业共同体中将大量闲置的、碎片化的流量匹配给大量闲置的供给端。未来，我们甚至可以在采购、物流、客流、资金流、金融资源等方面进行共享。

创造价值洼地

“公业务”的主要使命是创造价值洼地，它是大公无私的业务，是产业共同体的价值洼地和产业大坝，是护城河，必须迅速形成流量垄断。只有“高刚海慢”（高频、刚需、海量、慢转）的业务，才适合做“公业务”，才容易破局。最深的价值洼地就是产业共同体所有的参与方最终都能受益于产业路由器连接起来以后强大的产业网络效应，比如，7-Eleven、贝壳找房建立了效率驱动型的价值洼地，兴盛优选、汇通达建立了成本驱动型的价值洼地。

坚定四个转变

真想做好产业共同体，我们还要做好四大转变。

第一个转变：从自营平台走向共享平台

我们要重新认知共享经济的本质：凡有闲余，皆可共享。共享经济的本质是整合社会上闲散的资源与服务，以更低的价格提供给具有短期使用需求的用户，而共享平台则是共享经济的主体，如Airbnb（共享个人民居）、Uber（共享汽车）、Booking.com（共享旅行服务）、苹果应用商店（共享全球程序员的劳动力）等。这些企业和汇通达、大搜车、兴盛优选、小米等企业一样，开创了共享经济体的典范，通过将个人或企业闲置的资产所有权与经营权的分离，建立了回报率较高的闲置资产管理和共享经济平台。

企业可以将自己的闲置资产共享出来，诸如客流、商品流、资金流、物流、信息流等流动资产，固定资产和知识产权等。

共享是互联网精神的本质。资源的价值不在于拥有，而在于使用。通过两权（所有权和经营权）的分离，大数据智能算法能激活存量，更好地实现共享经济价值的最大化。Airbnb联合创始人布莱恩·切斯基认为："共享经济的意义就在于，60 秒内你就能立刻变成一个企业家，你可以共享你的房屋、汽车，任何东西都能分享，任何人都可以变成一个小微企业家，我认为这是 21 世纪的一种新的形态。"

共享经济将闲置资源、使用权、连接、信息和流动性等五大要素整合到一起，将互联网经济从传统的电商平台经济模式改造为新时代的共享经济模式（所有参与方没有输家，相互结为利益共同体和命运共同体），我们将共同迎来产业互联网的时代曙光，人类新商业文明的钟声已经敲响。

第二个转变：从交易型组织进化到赋能型组织

传统加盟连锁企业要想成为共享经济体需要加快组织转变，让自己符合共享经济的四大组织特征：轻资产、对外赋能、对内赋权、指数增长。

从对外的角度来看，作为一个B2B共享经济体，为确保市场长期繁荣，必须由交易型组织转变为经营生态圈和生态共建的赋能型组织。7-Eleven日本公司拥有8000多名员工，80%的员工的使命和工作就是为产业链上下游的合作伙伴赋能。经过30多年的努力，他们超越了美国总部，建立了七大赋能体系，包括文化赋能、产品研发赋能、工厂赋能、经营赋能、物流赋能、IT赋能和金融赋能。

产品研发的赋能，是7-Eleven与罗森、全家等竞争对手拉开差距的最重要的原因。7-Eleven组建了一个150人的团队，其中100人负责新品开发，50人做工厂的精益管理指导，他们把丰田的精益管理体系引入这些工厂，不断在制造、品质管控上精益求精。

7-Eleven董事长铃木敏文先生会把2000多位OFC（一线经营顾问）请到东京开全国性的经营检讨大会，检讨大会的主要内容是交流经验，每个人必须带3个问题才能进入会场，在会议上大家互相帮助，解决问题，并且各位OFC会在会后把问题解决方案告诉与自己对接的小店老板。因此整个公司和小店进化的速度非常快。

共同体平台方想要从交易型组织转变为赋能型组织需要打造好三大赋能体系：基础设施赋能、产品赋能和经营赋能。其中基础设施赋能不仅要做好IT基础设施的赋能，如SaaS、PaaS、BaaS等产业云服务，更要做好数据中台赋能、物流枢纽赋能、交易赋能、金融赋能、AI赋能，甚至要做好未来的RaaS等服务。其中最重要的是中台赋能，无论是数据中台还是业务中台，中台都是产业共同体的基础设施，也是产业路由器完成实时连接、智能配对和深挖价值洼地的标配设施。将用户、产品、场景、员工、管理全部实现数字化在线后可以统一对接到数字化中台，所有数据可以被反复应用。

第三个转变：从重资产组织到轻资产组织

如前文数次分析过的7-Eleven日本公司，只有早期开设的直营店，没有自己的物流基础设施，更没有自己的工厂，是彻底的轻资产模式。他们唯一的重资产就是产业IT平台和公司的近9000名员工。

从商业模式来说，7-Eleven的这种做法使它不再是一个单纯的制造、销售产品的公司，除新品研发和软件平台开发外，它的业务基本是众包的模式（并非外包），这样能够确保库存和供应链的成本为零。

第四个转变：从控制型组织进化到赋权型组织

从对内的角度来看，7-Eleven作为一个共享经济体，想要确保市场长期繁荣，应对不确定性问题和“黑天鹅”事件，必须从传统的控制型组织转变为让市场需求指挥公司的赋权型组织，实现快速迭代。7-Eleven整个组织高度赋权，把新品研发的决策权交到了一线开发人员和一线销售人员的手中。比如，负责研发不同口味的产品小组分别研发三文鱼类的产品，将研发出来的新产品投放在直营店进行试销，再将最畅销的那款产品推向全国市场。

研发产品时，多个小分队并行研发同一个品种，形成一个能够对市场需求快速反应的并联型组织。在这个共同体里面，产品赋能是全新的思维方式，它不再是传统的单打独斗的逻辑，而是跟所有的零售小老板、工厂厂主一起建立了一套共同研发的体系。

这套体系给7-Eleven带来了巨大的收益。因此，无论是制度创新、商业模式创新、组织创新，还是产品创新和营销创新，都要在公司内部建立一个平行竞争的环境，建立一个平行的多个小分队作战的并联组织，在短时间、小窗口、低预算的条件下进行创新，找到突围的方法。

对于具有不确定性的业务，企业需要探索。最快的探索方法是施行小分队模式，各个小分队同时朝着不同方向侦查，形成一个并联组织。

要成为一个赋权型组织，我们必须从串联型的组织变成并联型的组织。[①]一个组织只有在成为赋权型的组织的时候，创新才有可能成功。同时，一个赋权型组织要形成“奖励失败”的企业文化，在创新的过程中，组织愿意“奖励失败”，而不只是奖励成功。

---

① 从电工的角度来解释，科层制的金字塔组织的管理形式基本都是串联式的，电流越到下面，电压必然越低。串联组织是非常脆弱的，上级和下级之间是控制的关系，任何一个指令走到下一级，信息的失真和效率的损失都是很大的，最关键是每一个节点坏了，整个组织可能就会瘫痪，容错度很低。而并联式组织是一个又一个泡泡型的组织，就像电流一样，不管往哪端走，电压都是相等的，每个分支电路上的效率损失几乎为零。跟串联式相比，执行力就会大大提高，而且一个支路坏了，整个组织也不会瘫痪，容错度很高，具有强大的反脆弱能力。

遵循五大法则

无论世界怎么变化，万变不离其宗。在打造共同体的过程中，我们必须要时时刻刻遵循五大法则。

存量法则

不要总想着新流量，而是要思考存量。现在的市场中有海量的、便宜的、碎片化的闲置存量。比如，兴盛优选瞄准的是下沉市场城市社区小区的存量，汇通达则针对乡镇中的存量小店。

“凡有闲余，皆可共享。”对于企业来说，客流、商品流、资金流、物流、信息流可以共享；对于个人来说，时间、空间、社交、消费、思想、劳动力、数据、实物等都可以共享。这些资源都是可以反复使用的。

未来，如何让自己的“数字移民共和国”有更多的人口呢？如今小程序是一个收割机，开发app太重、太慢，而小程序能帮助企业找到腰部的用户。

今天，我们还有大量的社交流量池可以用这样的模型来迭代，最终我们建立的是一个分布式的商业模式，而不再是一个集中化流量式的模型。

我们通过“用户资本主义”对用户进行激励，并从短期的激励进化为长期激励，从交易关系进化为股东关系。我们通过币权制度记录每一个用户的行为、贡献，给他们分钱。在这个过程中，如果我们能够通过产业路由器把大量的碎片流量聚拢起来进行共享，把公域流量池中的存量重新进行赋能，就能够把大量的存量汇集在一起。

头牌法则

Costco作为一个传统零售商，截至2020年11月1日，市值已经超过了1500亿美元，在过去10年中实现了5倍增长。其运营核心就是头牌商品、品类冠军商品，每个品类精选1～3个SKU，只销售最头牌的3700个SKU。类似的，7-Eleven日本公司销售2900个SKU，德国零售商Aldi甚至只销售1000个SKU，他们都是头牌法则的受益者。

在供需对应中，我们要找出每一个地区的头牌商品、头牌供应，并给予头牌的位置，从长尾商品走向头牌商品、冠军商品。

大坝效应

“利他”不是一种情怀，而是一种新商业模式，是共同体的灵魂。产业共同体必须要有利他精神，有句俗话说“小河有水大河满，大河有水小河满”，有了价值洼地后我们才能形成产业的“大坝”效应。

长江三峡大坝有蓄水能力，流量池稳定，当蓄水到一定程度的时候，会出现倒灌，普惠到长江上下游，小三峡变成了大三峡、小码头变成大码头。当水位达到175米高位的时候，其他水系的水位也能够上涨，这就是三峡大坝效应。在共享经济体中，这一效应就好比各个参与方之间的关系。

任何共享经济体，如果想要成为指数型增长组织，就必须拥有利他的精神，才能获得各方汇聚起来的力量，最后形成高价值的变现。

在产业互联网的平台中，产业路由器建立了极深的产业大坝和价值洼地，这一商业模式，不仅改变了平台方自己的命运，也改变了平台供需双边市场或多边市场参与方，特别是所有产业链里上中下游无数个小人物、小店铺、小工厂的命运。在共同体中形成了“反590效应”，即90%的参与方都有5倍的增长、5倍的订单量、5倍的毛利总额，而不是传统电商中的“590头部效应”。

爱因斯坦法则

那些高颜值、高性价比，且有故事、有温度，甚至能体现价值观的商品往往能激发消费者的共鸣。而且未来能够实现产生顾客、创造顾客的网络裂变效应的商品往往应该是高颜值的。而每一个顾客都是自媒体，在网络时代口碑相传，从而实现顾客创造新顾客。一度顾客带来二度顾客，再带来三度顾客，通过三度社交，你的顾客数量就会快速增长。

管理大师德鲁克曾讲过，企业的使命就是要创造顾客。互联网时代，一个新经济公司的经济价值取决于一个新公式：

$$经济价值=商品\times顾客^2$$

此处借用了爱因斯坦的质能方程式（$E=MC^2$）。零售业有两个原点，一个是顾客（Customer），一个是商品（Merchandise）。对零售商来说，如果能一方面抓好供应链，另一方面抓好顾客关系，那么一个好的产品就可以让顾客自发地进行宣传，把每一个人变成一个流量入口，从而通过三度社交，顾客可以带来更多顾客。每一个顾客，每一个店员，每一个时尚达人，每一个粉丝，每一个KOL或KOC，都可以成为我们的宣传者，甚至是品牌大使。

190幂次法则

190幂次法则意为一个产业共同体能控制市场上90%的利润，企业从线性增长变为指数增长，形成黑洞效应。

产业共同体是一个平台，它的收入增长是指数型的，边际成本会随着收入规模的扩大而迅速降低成本。这样的商业模式彻底改变了原来的线性增长模式，把产业链里上下游的所有“弱势群体”团结起来。“弱势群体”原本没有议价能力，但是通过平台的汇聚效应、大坝效应，这些“弱势群体”拥有了强大的议价能力，而这种议价能力进一步解放生产力，成本会呈现出指数递减的趋势，甚至边际成本最后也会趋近于零。

做好六项准备

想打好存量时代的战役，我们要做好六项准备：组建合适的团队，拥有不变的初心，选择正确的赛道，设立行动纲领，设计前进路线和描绘产业链地图。

团队

在做准备工作时，组建合适的团队十分重要。联想的创始人柳传志先生有一条九字诀："搭班子，定战略，带队伍。"他一直在强调搭班子的重要性，战略要靠班子来制定，队伍要靠班子来带，所以搭班子是第一位。班子不和，什么事都做不成。

要打造产业互联网平台，创始人首先要组建好一支队伍。每个阶段要找的人都是不一样的，不同的阶段需要不同的团队，需要合时的团队（timing team）。

能搭好班子的创始人，他的团队成员必定是有共同梦想的一群人，坚定地愿意跟着他走。

要打造一个好的团队，有三件事很重要：

第一件事是创始人的格局。作为创始人，要不断地学习、自我批评和反省，才能不断突破自己的认知和能力圈。创业初期，他应该能够心怀天下，遇到逆境要有足够的心力跨越至暗时刻。《终身成长》一书的作者卡罗尔·德韦克把人的思维模式分为两大类——固定型思维模式和成长型思维模式，每个人都拥有这两种思维模式，但大部分人更愿意待在固定型思维带来的舒适区里面。全球最大的对冲基金桥水的创始人瑞·达里欧在《原则》一书中说道：“如果你现在不觉得一年前的自己是个蠢货，那说明你在这一年中没学到什么东西。”很多年轻的创业者总会过多地着眼于可见的利益，比如利润。但如果格局过小，即便做得再好，甚至一时引领潮流，也难以为继。企业的格局，创业者的胸怀以及对未来的思考，是发展上升的关键。

第二件事是团队成员的多样性。在产业互联网时代，人才战争往往决定终局决战后的输赢。

中国正在成为全世界人才向往的国度和摇篮，我们要用博大的胸怀对外开放，拥抱全球不同方面的人才。团队多样性，表现在不仅要有互联网专家也得有产业“老炮”，有文科生也得有理科生。前线队伍要招募会打仗的、会赚钱的和会管理的人才，中台和后台的队伍要吸引战略谋划、产品研发、基础设施建设、人力资源管理等各路人才。

第三件事就是团队的禀赋。团队成员应该具有PSD（Poor、Smart、Dream）特质，Poor指贫穷心态，Smart指悟性高，Dream指有梦想。对具有PSD禀赋的人来说，激励才是有意义的、有价值的。虽然穷能让他们有强烈的意愿去改变自己的命运，让自己家人的日子过得更好，但团队更看重具备贫穷心态的那些人。苹果公司的创始人乔布斯在斯坦福大学毕业典礼上的演讲中说过“Stay hungry，Stay foolish”，就是在说要始终保持求知欲和好奇心。团队需要不断迭代自己，把自己归零，对世界充满好奇心的人。

初心

拥有初心前，必须要有独立思考的能力。所有的付出都会以不同的方式得到回报，尼采有一个精神三变理论：一开始是骆驼阶段，人就像骆驼被别人牵着鼻子走；慢慢地进入第二阶段，人变成了狮子，内心涌动，这时的人开始怀疑一切、破坏一切，会反抗、会斗争；进入第三阶段，人变成了婴儿，内心有一种婴儿般的自在和微笑，这又是一个全新的开始。

当人们处于第三阶段时，所拥有的初心也许正是一个企业家在未来遭遇困境和黑暗时能够激励自己走出来的光。我觉得，我们要时不时像乔布斯冥想一样，回到婴儿那种状态去思考。

尼采说：“孩子是纯洁，是遗忘，是一个新的开始，一个游戏，一个自转的车轮，一个肇始的运动，一个神圣的肯定。”这代表着婴儿永远是一个新的开始，有新的希望。放下执念，当下一切永远都可以重新开始的，也意味着新的自我的诞生。

特斯拉CEO马斯克的初心是想探索火星，特斯拉的副总裁说：“我们的使命是让世界加速向使用可持续能源的时代前进。”该公司的目标是改变人类的出行方式和生活方式，远景是在火星上提供可持续的出行方案和可持续的能源供给。作为SpaceX的创始人，马斯克完成了私人公司发射并回收可重复利用的火箭的壮举。他的初心让世界前进了一大步，带来了颠覆性的创新。

赛道

有了合适的团队和一颗伟大的初心之后，接下来要做的就是选择一个正确的赛道。赛道选对了，目的地再远也能到达。

想要选对赛道，我们要从三个方面入手：行业趋势、技术趋势和切入时间点。由于每一个行业的趋势不一样，这要求我们要把握不同时代环境下相对稳定的行业发展脉络。当下的技术趋势是人工智能、区块链、云计算和大数据技术的崛起，同时5G正在加速新技术周期的迭代。掌握了这两个趋势后，如果能把握好切入时间，那么就能选择一个正确的赛道。

从未来出发，以终为始去思考，然后才能穿越黑暗区，最后找到正确的赛道。怎么参与未来？我们要思考两方面的问题。第一是技术。AI、大数据、云计算、区块链、IoT、5G到底会给我们带来什么样的未来？会怎么和产业结合？第二，行业本身会发生怎样的变化？比如大健康产业，企业是否能抓住这个窗口期？我们要成为是领导者还是跟随者？在选择赛道的问题上，方向永远大于勤奋。

行动纲领

企业要从事物的本质出发，基于事物的本质制定自身的行动纲领。2300年前，古希腊哲学家亚里士多德提出了第一原理，他认为："在每一个系统的探索中，存在第一原理，这是一个最基本的命题或假设，不能被省略或删除，也不能被违反。"而其他的命题和假定，我们只需要通过这些基本命题去进行验证、归纳、推理和认证即可。掌握事物的本质，也就是第一原理，对我们的思考会产生很大的启发作用。比如，用户的长期需求是低成本、快速地发射卫星，但是传统的火箭发射却是一次性的，成本太贵了。马斯克就围绕用户的需求，力图解决"为什么火箭不能重复利用？"这个难题。于是，SpaceX公司的专家们围绕这个基本问题反复探索和试错，后来终于实现了火箭的反复、多次利用，大大降低了发射卫星的成本。特斯拉汽车的电池组也是一个伟大的创新。最初马斯克制造特斯拉汽车时，最难解决的就是电池的续航里程问题。当时用作电动汽车电池组的市场平均价格是600美元/千瓦时，所需要的电池组成本太贵了。马斯克从伦敦金属交易所了解到原材料的价格只需要80美元/千瓦时，他采用笔记本的电池组组合方式将原材料组合起来，顺利降低了电池组的成本。

路线

在设立行动纲领后，我们就要开始设计自己的路线。就像两万五千里长征一样，我们的路线是有目标的。

从0到1之前，要经历0到0.1的战略黑暗期，这时候正是所有超级物种基因在植入、进化的时间。你要先深深地扎入黑暗，然后才能破茧而出。

竹子在它破土而出、快速生长之前，有4～5年时间都深深地扎根在黑暗的土壤中。要记住，0到0.1这个阶段是最困难的，也是最绝望的，所有超级物种都要经历这个时期。因此，在战略黑暗期，我们可以分为上下半场。上半场，我们的首要使命是活着，第二使命是试错；而在下半场，我们的首要使命是找到正确的发展路线，因为路线决定生死，而第二使命是搭建强大的队伍。

产业链地图

一味遵循原先的成功经验，很难获得突破，因此，我们要学会绘制产业链地图，研究每一条产业链的构成。例如，在一条产业链中，每一个参与方在产业链中处于什么位置，发挥着什么样的作用，有多大的体量，多高的销售额，多高的毛利以及最大的痛点是什么，等等，这些都是我们必须要了解的，只有把这一切想清楚后，我们才能开始行动。

奏好七部曲

最后，我们来谈一谈产业路由器到底应该怎么行动，我将其分为七部曲。

找到核心客群

在消费品市场中要研究单客经济学，找到自己所处行业的核心用户群。比如大搜车，其70%的销量来自三线、四线和五线城市。类似的，汇通达的核心客群是新中产农民，艾佳生活的核心客群是新婚家庭和三线四线城市的新中产阶层。

对于核心客群，我们要从其自然属性（性别、年龄等）和社会属性（地域、收入、职业等）这两个方面进行分析。

寻找利他的路由器

好的市场机制可以促进整个市场的繁荣，这就是共享经济的核心理论。当你为他人点亮光芒的时候，你同样不会感到黑暗。具体到产业领域，任何一个产业共同体想要破局，金融、交易和交付这三个环节不可能同时赚钱。我们要从金融路由器、交易路由器、交付路由器之中选择一个，做成利他的平台。

以大搜车为例，这家公司就是通过打造利他的二手车交易路由器切入整个产业。不赚差价，不赚交易佣金，将供求供需双方高效地连接起来，迅速团结了10多万家二手车店，产生巨大的平台价值。

寻找双边的参与方

产业共同体的本质就是团结一切可以团结的力量，包括整个产业链的上中下游各个企业。

但是，企业在打造产业共同体时必须考虑的一个问题就是“团结”的对象有哪些，以及先团结谁，后团结谁。我们应该去团结那些具有PSD特质的企业家和头部20%～30%的参与方。大搜车一开始没有团结4S店，因为“傲慢”的4S店不愿意被团结，因此只有先团结二手车行的老板。这些老板常常是各自为战，有急切的变革诉求，因此能够实现在供需双边的“碎片对接碎片”。

汇通达也是这样，它团结的是小镇上的小店老板。它找到头部的小店老板们，帮助他们把生意越做越好，抢占最优质的资源，对他们进行赋能。

在传统的供应链中，总库存通常会占据整个零售总额的2～3倍及以上，这是管理学上所谓的“牛鞭效应”。假如消费者需要100箱啤酒，店里通常会准备300箱。除此之外，再加上一级批发商、二级批发商、三级批发商的库存，整个供应链上的库存可以达到500箱之多，从而形成了大量的库存积压。尽管啤酒厂的老板可能会很高兴，但事实上，消费者只需要100箱。

新零售意味着一种新的效率。亚马逊的库存周转平均用时为25天，中国的永辉超市平均约为40天。它们都是行业的头部企业，但仍然存在库存和周转率的问题。对比鲜明的是，7–Eleven的库存周转天数是11.5天，这意味着它可以把自己生意的周转速度提升3~4倍。

在这里，我们要强调“供需配对”。2012年，埃尔文·罗斯与罗伊德·沙普利因“稳定配置和市场设计实践理论”获得了诺贝尔经济学奖。这一理论认为，所有市场都是一个配对市场。但是，如何实现一个配对的市场，或者说，如何实现市场的长期繁荣呢？这里有一个很重要的市场逻辑，即所有市场都是一个平台。事实上，零售商也是一个平台，他们左手拉着供应商，右手拉着顾客，起到了平台的作用。针对平台级的公司，正确的市场配对可以让市场繁荣起来。但是，当市场繁荣起来后，往往会形成阻塞，产生大量的错配。这个阻塞如果不能被疏通，将导致市场的崩溃。

从双边市场的角度来看，不外乎是市场的配对。2009年，阿里巴巴发现，在一个价格决定一切的市场中屡禁不绝的假货交易正在毁掉淘宝甚至是阿里巴巴的未来。为改变自己卖假货的形象，阿里巴巴希望建立一个有效的双边市场，形成一个高门槛的准入机制。于是，2009年阿里巴巴提出了一个新的模式，即团结一批品牌，改变淘宝无门槛、无底线的市场模式——淘宝商城诞生了。但是淘宝商城并没有获得成功，也没有扭转在老百姓心中那个“卖假货”的形象。最后，经过慎重思考，阿里巴巴决定重建一个新的模式，2012年，沟宝商城正式宣布更名为天猫。当时很多一线品牌并不看好天猫这个渠道。于是，阿里巴巴招募了一大批二线品牌和三线品牌，尽管它们不如一线品牌高档，但是给了消费者信心。天猫市场形成以后，它的配对机制使整个市场发生了改变，在淘宝也建立起了客户群市场。

寻找“公业务”

“公业务”和“母业务”是辩证的关系。我们必须从空间、马斯洛需求和时间三个角度来思考。通过这样的形式，我们可以找到多个场景，进行量化，进而选择出“公业务”。

在存量世界中，产业路由器是非常重要的破局模型，想做好产业路由器就要找好“公业务”和“母业务”。“公业务”毛利不高，但是可以快速在行业内破局，形成流量的垄断和聚拢。比如小米的“公业务”就是手机。如果手机业务没做好，那么流量的聚拢就会出现问题，最终会危及小米的其他业务。

寻找“母业务”

以大搜车为例，它没有直接做汽车金融业务，而是从二手车的“公业务”切入，累积流量，最终才通过弹个车的汽车金融服务赚取毛利。不到一年半的时间，通过弹个车这个“母业务”，大搜车获得了巨大的成功。

其实，全球绝大部分的产品都是通过产业集群来完成的。随着产业互联网时代的到来，企业可以重新打造一个跨越地区、跨越城市、跨越产业边界，甚至跨越国家边界的产业供应体系。

现如今各种新型组织，其实都是在摆脱地缘经济的束缚，进入产业共同体时代，而这一过程就是从增量市场步入存量经济的时代。

寻找价值洼地

产业共同体平台是一个闲置资源的共享平台。想要从自营走向共享，就要建立“共享金三角”，这三者分别是规模、效率和成本。想要做好共享，就要搭建好共享平台、赋能平台。

要想寻找价值洼地，需要从规模、成本和效率三个方面进行观察，思考从哪一个角度切入。

规模方面，我们可以通过共享金融、共享资金流，实现GMV3～10倍成长，总毛利3～5倍增加；效率方面，可以通过共享库存、共享客流实现，从长供应链走向短供应链，提升闲置资产的周转周期，让库存周转次数提高3～5倍；至于成本方面，我们可以通过共享采购、共享物流等方法，对闲置资产进行重新定价，降低30%～50%的成本。

比如，大搜车是从效率切入，让长供应链变成短供应链。原来二手车行60天才能卖出一辆二手车，通过大搜车平台，20天就可以卖出去，效率更高。于是，二手车行的老板都会来到这个平台上卖车，相对地，大搜车也形成了规模，有了成本优势，从而获得市场优势。

汇通达则是通过低成本优势打入农村市场。它通过共享采购，将全国的采购量汇总起来直接与供给端对接，而且汇通达还团结了很多中间物流商。汇通达的很多分销商在县城地区，他们每次下乡的满载率可能只有20%，这样一来将一台空调运往乡下会非常不划算。但是在团结了许多家分销商后，可以通过共享采购和共享物流来迅速降低成本。

寻找赋能区

在寻找赋能区这一步，我们可以借助“赋能金三角”：首先，我们要在共享选项中找到痛点、弱点进行赋能，包括基础设施赋能，例如IT、数据、物流、交易等；其次是产品赋能和经营赋能，从而实现SaaS赋能、AIaaS赋能、RaaS赋能等；最后，除此之外还有很多赋能，例如物流赋能、金融赋能等，这些赋能点都有自己的货币化能力。

在共同体里面，每一个参与方都有自己的ERP系统，每一个工厂都有自己的企业资源计划，每一个零售商都有自己的销售终端，我们不能忽视这些既有设备，而是要建立一个中台设施将它们组合起来。

我们要通过算法、数据等进行深度赋能。针对全链路数据，我们要进行上游、中游和下游的数字化赋能，对于数据前台、中台和后台，我们要实现实时连接，实时在线，也就是员工在线、供应商在线、商品在线、顾客在线和管理在线。

我们需要将收集到的数据通过人工智能、大数据、云计算和区块链进行赋能，将每一个数据孤岛打通，通过AI进行配对，通过区块链形成无可窜改的记录。最终在重构“人、货、场”的时候，能让“人、货、场”的“精准金三角”真正转起来。

10 诞生

耐克曲线

小信号里藏着什么

今天，人类根据科技、社会、商业等领域的发展趋势来预测、判断未来产业格局的变化。这些藏在大量资讯信息中的可被用来预测未来趋势的信息，就是来自未来的信号。但信号在世界各地区的分布情况是不同的，有些信号可能在某个地区已经成为强信号，但在另一个地区却还没有出现。比如电商经济的信号早在1995年就已经出现了，当年辞去华尔街高薪工作的贝佐斯先生只身奔赴西雅图创办了亚马逊公司。1995年7月16日，那时的亚马逊只是一家网上书店，在网站上出售的第一本书是道格拉斯·霍夫施塔特的《流畅的概念和创造性的类比：基本思维机制的计算机模型》。那时全世界企业家中的大部分人可能还不知道互联网，中国的马云和刘强东开始他们的电商事业。

当企业的CEO想列出一张关于未来规划的清单的时候，他会觉得毫无头绪，因为这张未来清单上可能有无数个小信号。但这些关于未来的信号太弱了，如何才能知道哪个小信号会演变成为未来的大机会？我们如何才能抓住那些真正能够带来大机会甚至改变世界的小信号？当各种创新的想法冒出来的时候，放弃比抓住更让人焦虑。

纵观世界经济发展史，在过去300多年中世界经济一直波澜壮阔，跌宕起伏。一代又一代企业家闪亮登场，然后又湮灭在历史的长河里。时代在“抛弃”成功者，商业模式不断颠覆，世界经济动荡不安。企业家的命运总是难以预测。当CEO把注意力和资源不成比例地进行分配，大力投资于短期市场时，当新的未来小信号产生时，他们往往被蒙在鼓里或完全跟不上。变革可能意味着死亡，但变革也意味着重生。

今天，数字世界就像一个平行宇宙，是一个有无限可能的数字宇宙的集合，就像并行轨道上行驶的车，彼此相安、各自运行，可是一旦有交叉，定会发生不可测的后果。这就是平行宇宙的美妙之处：现在和未来处于同一个时空，它就在当下。那些人人都看得见的当下大信号和那些人人都看不见的未来小信号其实同处一个时空。遗憾的是，当未来的机遇已经成为人人都看见的大信号时，曾经忽视了小信号的我们可能已经永久错过一个伟大的机会。

未来已来，现在可能正有一个小信号，它藏在某个边缘地带，不起眼，不入流，甚至被嘲笑，但它可能会改变世界。当你能捕捉到的时候，很多大公司早已捕捉到了，但为什么这些大公司还是没能成功，就像柯达、诺基亚最终还是被时代无情抛弃了。

因为我们看到的成功越大，就对这种成功的路径越是依赖。而依赖的结果就像流沙或是沼泽，把人紧紧地拽住，越是挣扎，被吞噬得就越快。

所以，不要再想着用过去的经验、过去的路径来应对未来。因为当我们用已知来推测未知时，会老想着利用手中已有的资源去做一件事情，结果往往就是失败。

耐克胜利曲线

所有伟大的公司都会经历“从0到0.1”“从0.1到1”“从1到100”这三个关键时期。这个过程如果用图像来表示，就是一个像耐克图标的指数成长曲线，我把它称为耐克曲线。路线决定了生死，耐克曲线下陷的一部分就是“从0到0.1”的阶段，这是关键的低谷时期。一旦突破“从0到0.1”这个最艰难的阶段，就可能迅速出现一个指数级的增长势头。

如何画出这条漂亮的耐克曲线？在低谷时期最重要的使命就是生存。其次是试错。这个曲线的最底部象征着至暗的时刻，但也是最幸福的时刻，因为从此以后可能就开始走上坡路了。在黑暗的泥土中，竹子在三五年的时间里只能长3厘米，但竹子一旦破土会以每天30厘米的速度疯狂地生长，用7周的时间就可以长到15米。但是如果没有在前几年扎稳根基，竹子是不可能长这么快的。

在“从0到1”这个阶段，竹子更应该往土地里扎根，不要过早探出头。比如，有些过早盈利的互联网项目，可能还没有完成MVP（minimal viable product，意为最小可用产品）验证，甚至还没有完成商业模式的验证。以愿景为导向的企业，其孕育期很长，需要坚持长期主义。

突破四大茧房

突破信息茧房

哈佛大学名教授凯斯·桑斯坦先生提出过信息茧房的概念，即人们关注的信息领域会习惯性地被自己的兴趣所引导，从而将自己的生活桎梏于像蚕茧一般的茧房中的现象。伊丽莎白·诺埃尔-诺依曼在《沉默的螺旋：舆论——我们大众的皮肤》一文中深刻阐释了“沉默的螺旋”这一理论，即被判断成优势意见的观点会不断地被放大而更具优势，被判断为是弱势意见的观点就会愈加沉默，最终这个世界会被KOL左右。

如何破茧成蝶，突破信息茧房，避免坐井观天、故步自封、作茧自缚？

AI是一把双刃剑，既是信息茧房效应的助推器，也是信息茧房的破茧手。人工智能技术信息推荐应拒绝以关键词来标签化用户，要通过全面的数据分析，预测和模拟用户行为习惯，多元化、全面化地进行信息推送。同时，随着自媒体的兴起，信息源头变得更加多元化，由于用户已经形成只浏览自己感兴趣的信息的习惯，想要打破这种习惯就必须提高信息内容质量，以质量的提升来博取用户关注。网络平台可按照用户资本主义，创设金币奖惩机制，通过丰富的奖励吸引作者创造优质内容，激发潜在读者群体的阅读兴趣，让用户逐渐走出茧房，乐于关注和订阅更加丰富多样的信息内容。

突破认知茧房

人类为什么成了地球的主宰？耶路撒冷希伯来大学教授尤瓦尔·赫拉利先生在《人类简史》一书中说道：这一切都是人类认知的改变。

尤瓦尔教授在《人类简史》中说："人类社会是构建于虚构的故事之上的，整个人类社会的前提是发达的讲故事能力。"人类社会之所以能繁荣至今，是因为我们的认知发生了重大的改变。

为什么很多大公司抓不住未来？他们一不缺钱，二不缺掌握高新技术的团队，三不缺资源，但总是错过最好的机会，这到底是为什么？

企业家与企业家之间最大的差距，不是能力、年龄、资源，更不是财富，而是对未来认知的差距。对未来的认知的不同是造成人与人之间的差距的根本原因。

易到用车比滴滴早起步，是最有可能成为"中国的Uber"的公司，但如今却销声匿迹。字节跳动当年在开发今日头条、抖音时的AI技术能力和资金能力未必比得过腾讯，但历史总是能道出真相：真正能够决定未来的，是对未来的认知。

腾讯不缺钱，但是腾讯错过了短视频这个赛道，阿里巴巴错过了下沉市场的社交零售实践，诺基亚也错过了4G及如今的5G时代。5G时代到来的时候，美国政府对5G技术的先锋者华为公司穷追猛打，美国人会第一次从一个科技的领先者变成一个科技的追赶者吗？5G既是一个催化剂，催生创新，同时也是一个摧毁者，哪些公司会被时代抛弃呢？

腾讯的联合创始人张志东先生说："面对未来，有时我们感到很绝望。"在短视频作为一个新产业的小信号出现时，腾讯的战略情报部门是最早接触到的。2013年10月，微视8秒短视频软件就已经上线，但是后来短视频行业变成了抖音和快手的天下。2018年4月，腾讯号称要补贴30亿元引领微视回归，在微信生态内封杀了所有其他平台的短视频链接。微视得到了腾讯全平台资源支持，但它在这场战役中还是输了。

最不可思议的是，帮助用户表达自我、记录美好生活的抖音，于2016年9月才上线，截至2020年年底，日活跃用户已超过6亿，成为全球最大的短视频平台。

马化腾在一次演讲中说："虽然腾讯现在市值很高，但我们很怕稍微不注意，跟不上时代就会倒下，但至少巨人倒下时，身上还是暖的。"

在2G、3G时代，诺基亚占据超过40%的全球市场份额。大部分人都用过诺基亚手机。但今天这个品牌早已无人问津。在诺基亚如日中天的时候，它的市值高达1400亿美元，然而在最艰难的时刻，诺基亚以72亿美元的价格把自己的移动手机业务卖给了微软，这是多么令人唏嘘的一件事情。但是这之后，他们还干了一件更疯狂、更不明智的一件事情——以81亿美元的价格收购了地图公司NAVTEQ。

NAVTEQ这家地图公司在城市的每一条道路上都安装了自己的传感器，能够实时地收集整个道路上地图信息，但是这些传感器每进入一个国家、一个城市，都需要巨额的硬件投入。按照这个逻辑，要把全世界的交通道路连接起来，建立这样一种覆盖全球的数字地图基础设施的话，是任何一个国家政府财政都无法单方面、短时间完成的任务，更谈不上短时间盈利。按照这种商业逻辑和方法，企业肯定走不了多远。

今天全球的数字地图公司，无论是中国的高德地图、百度地图、四图维新地图，还是国外的谷歌地图，它们都没有部署一件传感器，而是创造了一个新的商业模式、一个新的免费部署模型。当用户使用这些地图的时候，地图app会自动收集用户的道路信息，每一个人、每一辆车都成为一个最重要、最实时的"传感器"。

与过去的创业经验相比，现在更关键的是对未来的思考。用已知去推导未知，也许一切都不可能实现，但从未知连接已知，以终为始进行倒推，可能才会知道现在走的每一步是否迈向了正确方向。

你所赚的每一分钱都是你对这个世界认知的变现，你所亏的每一分钱都是因为对这个世界认知有缺陷。

未来之后，仍是未来。我们最大的敌人是希望复制过去成功经验的线性思维。

突破组织茧房

想要转型成功，组织必须要进行变革或重生。在原来的确定性时代，金字塔的组织很有效。但今天我们面临的是很大的不确定性，组织在黑暗中摸索，没有火把照亮前进的路。

在将过去的控制型组织转变为赋权型组织的过程中，存在两大规律：

规律一：大树下方长不出大树

大树下方长不出大树，如果想在大树底下栽一棵创新的小树，大树不够宽容，小树也无法成长或存活。

当年柯达公司虽然发明了数码相机，但自己开创的胶卷产业的大树之下，终究没有长出一棵数码相机产业的大树来。

2011年，张小龙为腾讯成功开启了微信战略，也因此微信才有机会能够发展至如今的规模。马化腾总结说，很庆幸自己的企业能够赶上移动互联网的大潮，跨越新技术周期，幸运地活下来。

规律二：玉米地里长不出水稻

创新是要付出时间的，而且还有可能失败。

不同企业家的文化和组织文化是不一样的，两个组织的文化不同，会导致大公司没有太好的创新。

那么，在赋权型的组织中，总部应该扮演怎样的角色？

研究表明，在一个充满不确定性的时代，或者在一个拥有不确定性的业务线上，我们的前端要打造多个并联的创新小分队，然后把这些小分队具备的和需要共享的能力进行推广。

第一，要植入容错的基因。

这意味着我们不仅要为成功者喝彩，更要为失败者鼓掌，甚至要给那些失败者发奖金。

当我们给失败者发奖金的时候，一定要有隆重的仪式。这是一种象征性的领导力，可以鼓舞所有的后来者：你们不要怕，要前赴后继地去创新，公司支持你们的尝试。

这是非常重要的企业文化，一个没有容错性的组织是活不下来的。这也是今天创业家精神之一：不怕失败。

第二，如何失败?

优衣库创始人柳井正写过一本书叫作《九死一生》。

没有死过、没有倒下过的企业家都注定是平庸的企业家。所有伟大的成功都是由若干个小失败组成的。

很多MBA案例都在分享成功，但是失败更加重要。一些互联网巨头在培训时都会讲述一些失败的案例；美国百森商学院的课表中有一项课程叫“如何失败”（How to Fail）。

怎么败?失败也需要技巧。我们愿意接受失败的时候，心里要有底气。

善败是今天众多组织最稀缺的一种能力。企业家四处学习，学了很多成功的经验，也花费了大量金钱。可是那些学习有多少价值呢?

为此，我们需要建立起并联型的多个创新小分队，鼓励同时试错。但失败是成功之母，我们要学会如何失败的三条法则：如何让每一次失败小一点（fail small）、快一点（fail fast）、早一点（fail early）。只要有一个小分队找到了成功的路径，在黑暗中点燃了火把，主力大部队就马上跟上去，企业整体的成功率就上去了。

1. “快一点”，意味着今天的企业每年都要完成多次迭代。

阿里巴巴能够从卫哲（阿里巴巴前执行副总裁）的B2B时代过渡到淘宝、天猫的时代，到后来张勇（阿里巴巴集团首席执行官、阿里巴巴集团董事局董事、阿里巴巴合伙人）的天猫和新零售时代，一代代的快速迭代是因为他们学习了柳传志先生最重要的战略复盘模式。

他们都认为自己成功的商业模式和经验是陷阱、泥潭，是会把自己毁灭的毒药。

2. “早一点”，意味着当企业发现错误时，不要留恋。

很多时候企业困境的来源是老板制定方向时犯下的错误，为了证明老板的“英明”，组织会付出艰巨的代价。

“老板永远是对的”这句话把很多企业带向了深渊。方向错了之后，再怎么努力，再怎么勤奋，都只不过是坐在泰坦尼克号上面。

3. “小一点”，是指企业试错的成本应该在自己可以承受的范围内。

很多企业家干起事业来像赌徒一样孤注一掷，最后把自己的身家赌光了。

为什么？因为自以为是，而这会令组织付出高昂的代价。

当看到一个产业风口的时候，我们要不怕死，要尽快去碰壁，尽快去“失败”，同时让失败小一点，承受风险更加可控。

突破文化茧房

2014年3月初，我去西点军校学习，学校里的麦克教授讲了一个故事：南北战争时期，一支陆军小分队奔袭到哈得孙河边。因为没法渡河，他们连夜抢建了一座桥梁。但是天亮后，他们回到河边，发现河水已经改道。好不容易建好桥梁，河道却改变了，这就是今天我们所有企业家作为战略领袖所面临的最重大的挑战，它是不确定性时代的新常态。

要想成为一家伟大的公司，必须具备两大要素：第一，你要有正确的战略；第二，你得培养卓越的组织能力。

一个正确的战略，也必须具备两大要素：

第一，你是否能够收割到时代的红利，产业互联网是下一个10年中最大的红利；

第二，你是否能经营好自己的毛利，你的“公业务”和“母业务”如何布局。

战略需要卓越的组织能力来实现，如果只有二流、三流的组织能力，纵使有一流的战略也无法执行。

而这一切均需要突破文化的茧房。老业务死得太慢，也会导致创新的步伐被组织的老文化拖慢。世界没有一成不变的“圣杯”，墨守成规，终会被市场淘汰。大树底下不长草，玉米地里长不出水稻。

即使你手握最先进的武器，不意味着就一定能赢。甲午战争时期，中国的军舰由德国制造，装备精良，却没有打过一个胜仗，没有击沉过一艘敌舰。因为当时我们用封建时代的军事思维去指挥现代海战，加上军心涣散，注定要失败。

纳德拉在《刷新：重新发现商业与未来》一书中说道："刷新"，并不会改变浏览器页面上的框架，却会带来全新的内容。

2014年2月7日，萨提亚·纳德拉接过鲍尔默传下的指挥棒，正式成为微软第三任CEO，为微软开启了第二增长曲线——云服务，一举让公司进入万亿美元俱乐部。纳德拉上台后，首先平息了公司内外对于公司前景的质疑和担忧，重新鼓舞士气。他重新发现微软的灵魂，重新定义了微软的使命和商业抱负。在比尔·盖茨时代，公司的使命是"让每个办公桌和每个家庭的计算机都在运行微软的软件"，而纳德拉面向新时代提出了新使命："予以全球每一人、每一个组织成就不凡"。

企业家精神

三叶虫是最有代表性的远古动物，出现在距今5.6亿年前的寒武纪，至2.4亿年前的二叠纪完全灭绝。英国自然历史博物馆研究员理查德·福提先生在《生命简史》一书中表达了对生物命运的人文关怀之情："我一直期待着，有朝一日深海潜水艇能够带上来一只三叶虫。也许几百万年前，最后一只三叶虫在所有的亲戚葬身浅水的时候逃到了深海并在这里定居……如果我看见一只活着的三叶虫，一定会像见到从战场上活着回来的亲爱的表兄一样激动不已，但是又不敢相信。”

1967年，21岁的福提先生开始人生第一次探险考察。福提先生回忆道：“剑桥大学有送年轻的地质学家到斯匹次卑尔根岛考察的传统，对于年轻的博物学家来说，那里简直就是天堂：到处是只有在鸟类书籍的插图上才出现过的飞鸟；恣意的海洋就是一本闪闪发光的动物学教科书；在这里可以尽情地享受观察的乐趣、无边的知识，任何发现都会让人欣喜若狂。”

福提先生的探索精神，正是企业家精神的写照——挥别黑暗，打开未来时空的裂缝。

硅谷不是一座城市，而是热带雨林，现今有全球的资本加持、风险投资加持，更重要的是在硅谷的空气中弥漫着不畏权威的自由，不分老少。埃隆·马斯克是一个罕见的技术型商业天才，从SpaceX的可回收火箭发射服务到特斯拉自动驾驶的电动车，他创造了奇迹，也证明了在硅谷，一切皆有可能。很多年轻人怀揣梦想来到硅谷，脑袋里想的就是如何打败苹果、亚马逊、谷歌、Facebook这些大公司。

与过去相比，更关键的是未来。残疾运动员艾米·珀迪曾在演讲中说道：“面对逆境，你可以选择困在原地，也可以选择突破逆境。舒适区也一样，是否突破它，都是自己的选择。”

所有行业正处在暴风雨的前夜。要创造历史，总是要付出代价。有时候我们手里拿了一把坏牌，但其中也许藏着迎来胜利的转机。只要找到生命的意义，命运自会在恰当的时机，把我们引到该去的地方。因为意义就是人类坚毅的朋友，马斯克先生说过："你知道自己所做的事情的伟大意义。清晨醒来，想到未来会更好，就是航天文明的全部意义所在。"寒冬孕育伟大的生机。创业家的冬天，也是创业家春天的前奏。伟大的事业总是需要经过千锤百炼，历经风霜。

未来就在迷雾中，很多时候看不清楚才是真正的未来。今天我们大都认可电商经济，但是在20年以前，很多人认为网上卖货的都是骗子。记得我第一次在淘宝下订单的时候，忐忑不安地等了10天才收到货。马云在2018年世界VR产业大会上说道："10年以后的电子商务，跟今天也不是一回事，过去的19年，我们至少有过190次以上的电子商务的变革，1900次以上的失败，1.9万次以上的失业才有今天。"他认为，对待新生事物要给予耐心和信心。在人人都相信一个产业、人人都看到机会的时候，其实对创业者来说，已经没有机会了。

最大的战争是企业家与自己的战争，这可能是将持续一辈子的战争。在这个战争中，企业家需要不断突破自身的认知，才能持续地融入新的世界，甚至改变旧的世界。

好的企业家，都是冬天的孩子，都将经历九死一生的磨难。在人生的绝望之谷，能不能征服自己，走出黑暗？在最辉煌的时候，怎么让自己谦卑下来？在和团队并肩作战的过程中，如何克服人性的贪婪，分享自己的财富和成功的喜悦？

创始人对未来的方向感是非常重要的，但更重要的是创始人的格局。每个人的格局好比是一个物量和心量矩阵的面积，横坐标是衡量你的物量，纵坐标衡量你的心量。那什么是心量呢？用熵增定律来解释：在一个孤立的系统里，如果没有外力做功，那么其总混乱度（熵）会不断增大。

熵增定律可能是全宇宙最绝望的定律，它认为，自然界的过程都是向着熵增加的方向进行的，即从有序到无序。人生就是一个系统，每个生命都在抵御熵增，而这个不断对人生系统做功的积极力量，就是心量。物量是看得见的财富，心量是看不见的财富，但人人感受得到。

心量也代表你能不能征服自己，物量大，但心量小，可能格局慢慢也会变小。心量很大，心怀天下，即使开始的时候物量小，格局也可能慢慢变大。

想要打开心量，有以下两个思考方法：

第一个思考方法是1 billion思考，即思考“如何为全球10亿人类提供服务”。无论是Facebook的扎克伯格还是字节跳动的张一鸣，他们已经超越国家，站在整个人类层面。

埃隆·马斯克将出售PayPal得到的1.8亿美元，全部用来创业，投入SpaceX、特斯拉和SolarCity项目，一切都是为了达成人类移民火星的终极梦想。这些企业家的心量，就是要为人类开拓新的边疆。

第二个思考方法就是10倍增长思考，即思考“如何把目前的业务增长10倍”。只有能实现业务10倍增长的方法，才能挣脱过去成功的桎梏，突破天花板。

亚马逊CEO贝索斯是一个长期主义者，他曾说道："在亚马逊，我们期望大部分工作业务能在5~8年内得到结果，但我们发现许多公司以各种方式与我们竞争，试图每个业务都要在2~3年内完成。如果每件事都要在2~3年内完成，那就限制了你的能力。如果你给自己喘息的机会，说'好吧，我有7年的时间'，突然间你就会有更多的机会。长期思考是一种杠杆，它可以让你做那些你用短期思考不能做的事情，甚至想都不敢想的事情。"

赢的哲学

一个成功的战略，需要一个卓越的组织来实施。一个卓越的组织要看创始人的格局，团队的组织学习能力和创新能力，那如何打造这样一个组织并建立赢的哲学呢？我从"赢"字中带给大家一个全新的解读。

亡

"赢"字的第一个组成部分是"亡"。

"死亡"对于企业家来说是一种常态，有创业就一定会有失败，企业家面对失败时，格局要大。

克劳塞维茨在《战争论》中说道："面对战争中的不可预见性，优秀的指挥员需要必备两大要素：第一，即使在最黑暗的时刻，也具有能够发现一线微光的慧眼；第二，敢于跟随这一线微光前进。”看到希望、重塑希望，优秀的领导者总是能点燃自己，启发他人，激活组织。

一个卓越的领导者，需要在不同的战场和时间线上做到有备而战：在逆境中，愿意蛰伏，寻找机会；在顺境中，也要未雨绸缪，防患于未然。

企业家要懂得失败的意义，乔布斯总能在失败后东山再起，就是因为他把失败视为生命中的苦口良药和寻找“真爱”的试炼。挫折反而让他看清真相，激起热情坚持真爱，他说：“（1985年）苹果公司开除我，是我人生中最好的经验。从头开始的轻松释放了成功的沉重，让我进入了这辈子最有创意的时期。”

乔布斯认为被苹果公司开除的12年是他人生中最美好的经历，释放了成功带来的负担。而且，被开除的12年是乔布斯提升领导力最重要的12年，特别是他在皮克斯公司跟伟大的艺术家们一起共事的时候，他第一次走出了自己的独裁世界，学会了与人相处。

口

“赢”的第二个组成部分是“口”。

所有的企业家都要具备统一公司前进的能力。公司要上下一心，像坚固的城墙一样不可摧毁。

面对差异时，不是争执谁对谁错，而是认可彼此的价值，聚焦于目标。在共同的企业文化的召唤下，拥有共同价值观、使命和愿景的一群人，走到一起了，他们共同奋斗，公平分钱，公开表彰，这就是华为的“以奋斗者为本”。

如何把愿景和使命转化为现实，从而激励员工？过去都是用权力来进行管理，权力的基础是什么？就是信息不透明。管理者垄断信息，通过愚弄员工来巩固自己的权力。而未来的管理模式一定是多沟通、善合作的，管理者会有战术层面的思考，员工也有自己的想法，而管理企业一定要把这两种力量统一起来。

乔布斯是一位杰出的沟通大师，回归苹果之后，他竖起耳朵听了很多人的想法，然后激发了所有创造者的力量，创造了一个伟大的团队。

有时沟通的效率并不高，假如你想说的有100%，但实际只表达出了80%，听者只能听到60%，但听懂的只有40%，两三天后，只有20%可能会被记住，但3个月之后只剩5%了。所以我们要反复沟通，要从不同的角度去沟通同一件事，并做到举一反三。

月

“赢”下面的组成部分，左边是“月”。

“月”在古文中代表的是我们的身体，脾、肺都有一个“月”字，表明生存是一个组织最基本的使命。

提出一个伟大的使命固然重要，但是这一点更重要：“剩者”为王，我们需要做强、做大，更要做久。

既然存活下来很重要，那么有时候我们可能要牺牲尊严。

乔布斯被赶出自己一手创办的企业是多么讽刺的一件事情，但是这次经历却令他改变了世界。

贝

“赢”的下一个组成部分是“贝”，“贝”是“赢”的目标，就像一场战争结束后的战利品，它可能是珠宝、钱，也可能是一座城池或一个国家、一个市场、一个行业领导地位。它可能是我们的用户流量、顾客、某位VIP消费者，也可能是损益表最下面那一行，净利润，它更是我们共同创造财富、共同分享财富的未来。

所以，我们一旦敲定一个小目标或者一个大目标，就要聚焦这个目标，建立3F能力，即建立说到做到的执行能力。

第一个F是focus（聚焦）。我们要保持积极心态，不管事情多么难、多么苦，我们要始终抱着理想和希望，坚持不懈地奋斗和努力。“以奋斗者为本”是华为的企业文化标语。为奋斗者鼓掌，人生总是充满了希望和光明。企业家不要埋怨对手，要对未来有信心，即便是再艰难、再绝望的阶段也能走出来。

1997年，乔布斯回到苹果公司的时候，公司已经奄奄一息，乔布斯做出了一个伟大的决定，把几十条生产线及其所有的产品全部舍掉，只做这

4个产品：桌面的、便携的、专业的、大众的。不到一年时间，苹果公司就开始盈利了，但是仍然算不上改变苹果的未来。

在1998～1999年音乐商店还没诞生的时代，互联网上充斥着大量的盗版音乐，连乔布斯自己喜欢听的音乐都是盗版的。于是乔布斯察觉到了共享经济的苗头，他花了大概8个月的时间去说服EMI（百代唱片）、华纳，让他们把唱片共享出来，把音乐变成IP资产。

第二个F是fast（快速求变）。今天我们处于AI的时代，产品创造的速度很快，一切皆有可能。

第三个F是first（追求卓越）。

只要我们脚踏实地，仰望星空，怀抱理想，一切都是有可能的。我们在追求卓越的途径中不要放过任何细节。最不能放过的细节是对产品的追求。因为只有头牌的产品才能够激发消费者的欲望，才会形成能带来指数型增长的“顾客平方效益”。

乔布斯曾说：“木匠不能因为消费者看不到，就在抽屉的背面使用胶合板，而不用实木。”这是一种精神，当为了节约成本而放弃品质追求的时候，就离“死亡”很近了。

乔布斯还有一种精神是象征性领导力。在设计第一台电脑的时候，他坚持不在电脑上设置冷却风扇，这样消费者在工作时就可以得到绝对安静。公司里有人说这不可能，但乔布斯却要求必须做到。于是全球第一台没有风扇的电脑诞生了。

西点军校的校长要陪着每一届新生长跑10公里，这也是一种象征性领导力，可以引申为“说到做到”的执行主义——只有那些意愿坚定，付出的比其他企业、团队、小分队多的才能活下来。

另外，当我们乐观构想伟大理想的时候，更要从小做起，要“悲观”地制订计划。

要是想干一番大事业，我们就要有足够的激情。让自己燃烧起来的最好方法就是热爱，热爱自己要做的事。

凡

“赢”还有一个最重要的组成：凡。“凡”意味着平凡，我们要有平常心。“凡”是一种境界，是胜利之后的从容不迫和淡定平和。

胜不骄，败不馁。每一次胜利之后，或者是每一次失败之后，都要有一种归零的心态。不去抱怨，不要沾沾自喜，更不要自以为是。初心、谦卑，容纳四海和天下的胸怀是非常重要的。

乔布斯说过“Stay hungry，stay foolish”。他一生经历了成功的辉煌，也遭受过毁灭性打击，却也保持了这样一种心态。不要骄傲自满，企业家个人成长了，企业才能成长。

让时间静流

全球化就像一张有魔力的和强伸缩性的巨网，把世界各国的经济融合在一起，把世界各地的各个产业的企业家们拉到了一张圆桌上。中国人民和世界人民的命运，从此再也没有分开过。

2014年3月27日，在巴黎举办的中法建交50周年纪念大会上，习近平主席说："当前，中国人民正在为实现中华民族伟大复兴的中国梦而奋斗……中国梦是追求和平的梦……拿破仑说过，中国是一头沉睡的狮子，当这头睡狮醒来时，世界都会为之发抖。中国这头狮子已经醒了，但这是一只和平的、可亲的、文明的狮子……万物并育而不相害，道并行而不相悖。中国梦是法国的机遇，法国梦也是中国的机遇。"

美国只有几个人口超过100万的城市，而中国有102个。100万人口的城市在中国可能只是三线或四线城市，而在美国是大城市。中国即将成为全球最大消费市场，中国市场正在成为世界的机遇。未来，中国中产阶层人口将继续增长。虽然中国人口红利正在逐渐消失，但人口结构的新红利还在。无论是银发经济、小镇青年还是新中产人群，在下一个15年，将加速把中国消费市场从2019年的41万亿元推向100万亿元的规模。

Z世代是新消费主义的旗手，以存在感、仪式感、参与感和幸福感为核心的新消费主义浪潮正在席卷从满足基本衣食住行的刚需市场到追求美好生活的新市场。抖音、快手等app让每个平凡人都有表达自己的可能性，让美好与每个人同在。我们必将从制造大国转变为消费大国，从世界工厂进化为世界市场。这不仅给中国企业家们，也给全世界的企业家们，带来了千载难逢的机会。

人是一切的开始，从“经营货”的全渠道思维，进化为“经营人”的全场景思维。我们需要思考如何才能打造一个全场景的经济体。因此，未来的互联网巨头需要具备产业互联网思维，而不应该仅仅停留在电商新零售的维度。早期的新零售还是线上线下融合的全渠道逻辑，归根到底是卖货的逻辑，不是“经营人”的逻辑。不断发展成熟的新零售已经从“经营货”变成“经营人”，建立全场景经济体。

目前线上流量成本高昂，像奶粉等相对标准品类的商品随着阿里巴巴的垄断已经进入行业销售的天花板。线下流量目前是最便宜的流量，特别是“三高一非”的宠物店、美容店、医疗美容医院、健美中心、健康管理、母婴亲子中心、游乐场、早教、旅行、理财等服务正在步入高速增长期，谁能率先抢占线下流量就能占得先机。

威廉·吉布森先生说过，“未来已经到来，只是分布不均匀而已”。在《神经漫游者》中，吉布森创造了一个意向纷乱的世界：生活在底层的黑客、网络牛仔凯斯是一个挣扎在科技世界的边缘人，他将大脑与网络互联，人类用手术改造自己的身体，植入机器，觉醒的人工智能机器人却进化成为想要自由的信息和自我生长的技术生命体。当凯斯命悬一线时，居然被仿生人招募，在灰暗的未来，寻求自身的意义。一个降伏不了自己内心的人想征服全世界，这恰是悲剧的源头。

你的大脑也许现在想到了，但你的行动还被旧日的习惯束缚着，你还忙着在旧世界里缝缝补补。企业家最大的悲哀莫过于忘情于战术的精益求精而忘记抬头看天，甚至最后像泰坦尼克号遭遇冰山一样，和曾经的荣耀一起沉没在黑暗的海底。

活下来是一个企业的基本使命。面对未来的不确定性，我们既兴奋，又迷茫。只需把自己交给时间，因为希望的种子深藏在泥土里，它总会发芽的。

人类的未来是合作，而不是战争。让我们一起高举着数字文明时代的火炬，冲破未来的黑暗。让新技术的阳光照耀到每一条产业链的缝隙中去。让新经济的狂风和暴雨来得更猛烈些吧！

我们看到的是一个正在觉醒的数字新大陆，旧大陆上的黑夜正在过去，天已破晓。

飞向未来的舷梯已经就绪，下一个10年，一切皆能重来。看着远方的新大陆，生命之火已经点燃，它在深情召唤我们。

这是你的旅程，来吧，向未来勇敢地掷出你的标枪。打开你的三维价值罗盘，发射你的三级火箭，向更高价值的轨道出发！

打开心门吧，

只为在未来，

与你不期而遇。

没有人知道，

你当下敲响了哪扇未来的大门；

也没有人知道，

你当下敲响的那扇小门，

是否是通向未来的大门。

这一切，

不仅取决于你对未来的认知，

更取决于你面对未来的勇气。

啜一口酒，

听一支曲，

让时间静静流逝。

命运自会在恰当的时机，

把你引到该去的地方。

与未来共舞，

穿越恐惧，

冲破黑夜，

直到被光明招去。

每一个不曾起舞的日子，

不仅是对生命的辜负，

也是对未来的辜负。

后记

当暗影拥抱黄昏，鼓声四起，一群“新独角兽”拥进山谷，围住篝火，火苗冲向天际，鼓点化作黑暗中的精灵，在山谷招摇。这长夜引得众生狂欢，繁星静静地挂在深沉的夜空，俯瞰着这一切。

梭罗在《瓦尔登湖》说：“有些人步伐与众不同，那是因为他们听见了远方的鼓声。”当晨曦轻吻群山，成功者的高歌仍是余音绕梁，革命者的乐章早已悄声穿越沉睡的原野，等待着穿越下一个生死线。我看见远处的光在深情呼唤：来吧！旧大陆的四季已经更替，数字新大陆正迎来黎明，一场新的角逐已经开始。未来的世界总是躲在迷茫中，想要穿透层层浓雾，只有采取行动。

从阿里巴巴、京东、拼多多、美团到字节跳动、快手等数字经济体，其发展历史就像一部史诗。淘宝天猫、蚂蚁金服和阿里云构成了阿里巴巴的三级火箭，这个发展模型也很像坦克履带的传动，持续有度。

企业家要信奉长期主义，才能获得持续增长，要永远为今天活着，为明天准备着，为后天构想着。用高瓴资本创始人张磊的话说，就是“流水不争先，争的是滔滔不绝”。

这本书的核心思想，是过去6年中我在与很多企业家聊天、媒体对话和年度论坛演讲等过程中形成的。我有幸与1000多位企业家相互切磋，突破个人的认知茧房。本书的很多灵感来自他们提出的问题和与他们的头脑风暴后产生的成果。其间，我也有机会跟随中国商业联合会、中国连锁经营协会、中国百货协会、中国流通三十人论坛、伟事达、长城会、盛景、正和岛等组织或活动到访世界各地，除了到美国、以色列、欧洲多国参访、学习，甚至还不远万里地抵达过地球的最南端——南极大陆。

2015年的某一天，我们一行人住进贝加尔湖畔一个不知名的乡村客栈，推开窗户，清澈而又神秘的贝加尔湖尽收眼底。我漫步在贝加尔湖边，远处连绵起伏的群山，映照在纯净、透亮的湖光中。在黎明晨曦的陪伴下，贝加尔湖正从冰封中醒来。此时此刻，这一景象促使我开始思考数字经济体的底层逻辑和未来的运行机制。我坐在湖边，一个人静下心来，不断地打磨观点并构思框架。我想起实体经济和数字经济之间的较量，传统思维和互联网思维之间的暗战。

想让一个人感到绝望就让他去写作好了。这是我在2013年写第一本书《第三次零售革命》期间最大的感受。在写作本书的过程中，我经常陷入一种无助的情绪之中：一个很棒的灵感产生后我特别开心，但要把这个灵感变成一段读者能够读懂的文字，比登珠穆朗玛峰还难。

感谢伟事达（Vistage）私董会的001号组总教练张伟俊先生、007号组总教练吴斌先生、010号组周戌坤先生、016号组总教练许正先生、021号组的王鹂女士，以及全体私董会的企业家同学们。在此我要向我的老师张伟俊先生做出特别致谢，作为001号组近10年的私董会资深会员，我在这里感受到了一种独特的、可信赖的、可表达内心深处想法的交互式学习氛围。伟事达是全球私董会组织的标杆，它是一种有别于其他商学院和领导力的培训发展项目，坚持一切从CEO们面临的实际问题出发。伟事达的核心价值观是：信任、挑战、关怀、成长。

感谢笔记侠的创始人柯洲先生和他的编辑团队过去几年连续在社交平台上发布我的演讲稿，本书的部分内容已经发表在笔记侠的公众号里，感谢评论区读者热烈的反馈，这些读者也启发了我。

从2019年11月提交初稿开始到现在，过程非常坎坷，不仅经历了新冠肺炎疫情的重大影响，也时常会受到出差的影响。感谢财经出版机构蓝狮子团队以及中国友谊出版公司的编辑老师对我的指导和帮助，他们投入了大量的精力来纠正书中的错误，特别是韦伟女士对我提出的专业建议和及时鼓励。她不仅给予我很好的指引，更让我学会懂得取舍。

2017年夏天，我陪同家人去了法国，这是我人生中的第一个长假。度假归来，我从一个创业者摇身一变成为盛景的合伙人。感谢盛景网联集团的创始人彭志强先生、刘燕女士，感谢盛景嘉成母基金创始合伙人刘昊飞和我们的合伙人团队，感谢我的研究助理盛景新经济研究院的王子威先生，他帮助我收集、整理和分析了很多案例，并认真核对相关的数据。3年来，没有盛景的平台和同事们的帮助，我可能没有机会近距离接触到上千位新经济的创业者。几乎每天早上，我们都能收到很多创业家大胆有趣的创业构想和商业计划书，这里面可能蕴含着下一个伟大的未来。作为盛景新经济＋X研究院的院长，每个月我都要探索新的课题，ABCD等新技术加速渗透到传统产业，新物种不断涌现，数字新大陆从1.0图文流量时代、2.0社交流量时代加速向着3.0影像流量时代迁徙，我发现，“下一个10年，一切皆可重来”。

感谢长城会的文厨先生，带领我和众多中国企业家参加过三次硅谷的移动互联网大会，让我有机会深入全球创新的摇篮斯坦福大学和硅谷的腹地，近距离学习苹果、谷歌、亚马逊、特斯拉和微软等这些改变世界的伟大企业成功的秘诀。2018年的冬天，我在硅谷焦灼地思考着未来世界的终极命运到底是什么，回国以后，我提出了“数字移民共和国”和“用户资本主义”的思想。

感谢机械工业出版社的陈海娟女士5年前提供给我的一个机会，如果不是她委托我为绪方知行先生的《零售的本质》一书写推荐序，我可能对7-Eleven的认知一直都是错误的，我可能就没有机会深入研究7-Eleven的便利店共同体模式，也可能永远提不出“产业路由器”这个思想。

感谢涌容资产的创始人黄勇先生。每个星期天他都会提出一个问题来供大家讨论，这些问题非常有启发性，让我有机会提出消费宇宙膨胀模型和三维价值罗盘。

特别感谢阿里巴巴前总参谋长曾鸣教授，每次和他进行线上讨论我都非常受启发，他经常谈到的终局战略思维，往往能给我注入新的观点。

感谢高瓴资本的创始人张磊先生，我有幸能在他创办的高礼研究院担任华东区的导师。在一次交流中，他说：“我的投资理念的最核心之处就是要寻找具有伟大格局观的坚定实践者。很少有人、有公司能有这样的格局和执行力把公司的愿景推到那么高的高度，我们就要寻找这样的人。”他信奉的长期主义和“看好中国”“做时间的朋友”，给了我很大的启发。也特别感谢高探生物的创始人张川先生，通过与他的交流，我充分理解了赋能型投资的真谛是不仅要发现价值洼地，更要帮助企业家创造更大的价值。

感谢企投会的吴晓波先生和他的团队，让我第一次跳出企业家思维，从投资的视野去看待未来。

感谢正和岛的创始人刘东华先生和他的团队。作为正和岛的创始会员，我每年都有机会参加很多部落的年终家宴，亲耳聆听很多企业家们的成功之道，我发现即使是他们，转型之痛仍是强烈的，不创新，就是等死。

感谢我的太太，感谢她的陪伴和对家人的悉心照顾。感谢我的大女儿，她帮助我厘清了很多思路。

挂一漏万，我要感谢的人有很多，但出于各种原因，我不能在此列出每一位的名字。感谢读者在这场阅读旅程中加入我们，欢迎你们随时和我讨论。

读完本书，不是结束，而是新的开始。

参考文献

1.刘志毅.智能经济:用数字经济学思维理解世界[M].北京:电子工业出版社,2019.07.

2.(美)拉姆 · 查兰;杨懿梅译.贝佐斯的数字帝国:亚马逊如何实现指数级增长[M].北京:机械工业出版社,2020.02.

3.(美)娜塔莉 · 伯格,(美)米娅 · 奈茨;岱冈译.亚马逊效应[M].北京:中信出版社,2020.02.

4.(日)绪方知行,(日)田口香世;陆青译.零售的本质:7-Eleven便利店创始人的哲学[M].北京:机械工业出版社,2016.06.

5.(美)亨利 · 基辛格;冯洁音,唐良铁译.重建的世界[M].上海:上海译文出版社,2015.10.

6.(美)艾丽斯 · 施罗德;覃扬眉等译.滚雪球:巴菲特和他的财富人生(上、下册)[M].北京:中信出版社,2018.02.

7.(以)耶胡达 · 阿米亥;傅浩译.噪音使整个世界静默:阿米亥诗选[M].北京:作家出版社,2016.08.

8.易中天.帝国的终结:中国古代政治制度批判[M].上海:上海文艺出版社,2018.02.

9.张孝荣,孙怡,陈晔.探寻独角兽:解读分享经济创新创业密码[M].北京:清华大学出版社,2017.05.

10.李彦宏.智能革命:迎接人工智能时代的社会、经济与文化变革[M].北京:中信出版社,2017.04.

11.(美)埃里克 · 布莱恩约弗森,安德鲁 · 麦卡菲;蒋永军译.第二次机器革命:数字化技术将如何改变我们的经济与社会[M].北京:中信出版社,2014.09.

12.(美)罗伯特·L.凯利;徐坚译.第五次开始:600万年的人类历史如何预示我们的未来[M].北京:中信出版社,2018.07.

13.小米生态链谷仓学院.小米生态链战地笔记[M].北京:中信出版社,2017.04.

14.(美)帕拉格·康纳;崔传刚,周大昕译.超级版图全球供应链:超级城市与新商业文明的崛起[M].北京:中信出版社,2016.07.

15.华为公司内部资料:2019年01月-2019年05月采访实录

16.由曦.蚂蚁金服[M].北京:中信出版社,2017.04.

17.(美)布莱恩·阿瑟;贾拥民译.复杂经济学:经济思想的新框架[M].杭州:浙江人民出版社,2018.05.

18.互联网时代主创团队.互联网时代[M].北京:北京联合出版公司,2015.02.

19.快手研究院.被看见的力量[M].北京:中信出版社,2020.01.

20.(美)威廉·曼彻斯特;四川外国语大学翻译学院翻译组译.光荣与梦想(全4册)[M].北京:中信出版社,2015.03.

21.(德)托马斯·舒尔茨;严孟然,陈琴译.Google未来之镜[M].北京:当代中国出版社,2016.11.

22.颜艳春.第三次零售革命:拥抱消费者主权时代[M].北京:机械工业出版社,2014.05.

23.(德)马克思;姜晶花,张梅编译.资本论[M].北京:北京出版社,2012.05.

24.德群编.巴菲特投资思想大全集[M].北京:中国华侨出版社,2011.04.

25.(英)汉默顿;吴琼等译.思想的盛宴[M].北京:九州出版社,2005.10.

26.(美)贾森·凯利;唐京燕译.私募帝国[M].北京:机械工业出版社,2013.05.

27.IBM中国商业价值研究院.未来的企业:中国企业的智慧转型[M].北京:东方出版社,2009.10.

28.(美)戴维·洛克菲勒;曹彦博译.洛克菲勒回忆录[M].北京:中信出版社,2004.01.

27.(芬)马库·维莱纽斯;刘怡,李飞译.第六次浪潮[M].北京:清华大学出版社,2018.06.

28.(美)苏世民;赵灿译.苏世民:我的经验与教训[M].北京:中信出版社,2020.02.

29.(美)杰里米·里夫金;赛迪研究院专家组译.零边际成本社会[M].北京:中信出版社,2014.11.

30.(美)彼得·戴曼迪斯,(美)史蒂芬·科特勒;贾拥民译.富足[M].杭州:浙江人民出版社,2016.11.

31.张孝荣,马天骄.腾讯产业森林:AI时代的创业密码[M].北京:电子工业出版社,2018.01.

32.许涛.超越:技术、市场与经济增长的历程[M].北京:社会科学文献出版社,2018.04.

33.(南非)纳尔逊·曼德拉;王旭译.与自己对话:曼德拉自传[M].北京:中信出版社,2011.11.

34.余晨.看见未来:改变互联网世界的人们[M].杭州:浙江大学出版社,2015.04.

35.(加)萨利姆·伊斯梅尔,(美)迈克尔·马隆,(美)尤里·范吉斯特;苏健译.指数型组织:打造独角兽公司的11个最强属性.杭州:浙江人民出版社,2015.11.

36.(美)戈尔;冯洁音,李鸣燕,李毛译.未来:改变全球的六大驱动力[M].上海:上海译文出版社,2013.07.

37.大数据战略重点实验室编.数智未来:2017中国国际大数据产业博览会全记录[M].北京:当代中国出版社,2018.01.

38.(美)加来道雄;刘玉玺,曹志译.超越时空:通过平行宇宙、时间卷曲和第十维度的科学之旅[M].上海:上海科技教育出版社,2009.06.

39.(印度)泰戈尔;郑正铎译.生如夏花:泰戈尔经典诗选[M].南京:江苏文艺出版社,2011.07.

40.(美)吉尔伯特;张岩,时宏译.哈佛幸福课[M].北京:中信出版社,2011.11.

41.(美)斯科特·索南沙因;仝琳译.延展:释放有限资源的无限潜能[M].北京:中信出版社,2018.07.

42.(日)原田泰治;金晖译.故乡,心里的风景[M].海口:南海出版公司,2016.06.

43.邹振东.弱传播[M].北京:国家行政学院出版社,2018.12.

44.(南非)迈克尔·特林格;耿沫,张敬,钟鹰翔译.物种之神[M].重庆:重庆出版社,2016.08.

45.(英)约翰·布朗;薛露然译.改变世界的7种元素:我们如何走到今天[M].北京:中信出版社,2016.10.

46.王赛.增长五线[M].北京:中信出版社,2019.04.

47.(美)伊恩·莫里斯;李阳译.文明的度量:社会发展如何决定国家命运[M].北京:中信出版社,2014.06.

48.(美)杰奥夫雷·G.帕克,(美)马歇尔·W.范·埃尔斯泰恩,(美)桑基特·保罗·邱达利;志鹏译.平台革命:改变世界的商业模式[M].北京:机械工业出版社,2017.10.

49.(美)托马斯·沃尔夫;范东生,许俊东译.天使望故乡[M].南京:译林出版社,2014.04.

50.施展.枢纽:3000年的中国[M].桂林:广西师范大学出版社,2018.01.

51.(以)尤瓦尔·赫拉利;林俊宏译.未来简史[M].中信出版集团,2017.09.

52.(美)蒂姆·奥莱利;杨晨曦,戴茗玥,蔡敏瑜译.未来地图:技术商业和我们的选择[M].北京:电子工业出版社,2018.09.

53.(美)A·司各特伯格;彭伦译.天才的编辑[M].桂林:广西师范大学出版社,2015.06.

54.(美)纳西姆·尼古拉斯·塔勒布;周洛华译.非对称风险[M].北京:中信出版社,2019.01.

55.(美)亚历克斯·莫塞德,尼古拉斯·L.约翰逊;杨菲译.平台垄断:主导21世纪经济的力量[M].北京:机械工业出版社,2018.01.

56.(美)凯文·凯利著;东西网编译.失控[M].北京:新星出版社,2011.01.

57.(挪)乔根·兰德斯;秦雪征,谭静,叶硕译.2052:未来四十年的中国与世界[M].南京:译林出版社,2013.09.

58.(美)罗杰·洛温斯坦;蒋旭峰,王丽萍译.巴菲特传:纪念版[M].北京:中信出版社,2013.10.

59.(美)萨提亚·纳德拉;陈召强,杨洋译.刷新:重新发现商业与未来[M].北京:中信出版社,2018.02.

60.陈立夫.四书道贯[M].北京:中国友谊出版公司,2008.09.

61.陈新宇,罗家鹰,邓通等.中台战略:中台建设与数字商业[M].机械工业出版社,2019.08.

62.(新西兰)哈米什·麦肯齐;牛小婧译.特斯拉传:实现不可能[M].北京:中信出版社,2019.04.

63.(以)尤瓦尔·赫拉利著;林俊宏译.今日简史:人类命运大议题[M].北京:中信出版社,2018.08.

64.(美)赖特;于华译.非零和时代[M].北京:中信出版社,2014.01.

65.(美)雅克·巴尔赞;林华译.从黎明到衰落:西方文化生活五百年(1500年至今)[M].北京:世界知识出版社,2002.10.

66.(日)盐野七生;田建国,田建华译.罗马灭亡后的地中海世界(上、下)[M].北京:中信出版社,2014.07.

67.曾鸣;周大昕,崔传刚译.智能战略[M].中信出版集团,2019.10.

68.曾鸣.智能商业:智能商业20讲[M].北京:中信出版社,2018.11.

69.(美)詹姆斯·B.斯图尔特;张万伟译.贼巢:美国金融史上最大内幕交易网的猖狂和覆灭[M].北京联合出版公司,2016.04.

70.(英)杰弗里·韦斯特;张培译.规模:复杂世界的简单法则[M].北京:中信出版社,2018.06.

71.(英)彼得·弗兰科潘;邵旭东,孙芳译.丝绸之路:一部全新的世界丝绸之路[M].杭州:浙江大学出版社,2016.09.

72.(美)托马斯·达文波特,茱莉娅·柯尔比;李盼译.人机共生[M].杭州:浙江人民出版社,2018.01.

73.(美)克雷格·文特尔;贾拥民译.生命的未来[M].杭州:浙江人民出版社,2016.07.

74.(英)西蒙·蒙蒂菲奥里;张倩红译.耶路撒冷三千年[M].北京:民主与建设出版社,2015.01.

75.(美)罗伯特·J.希勒著;李心丹等译.非理性繁荣[M].北京:中国人民大学出版社,2016.12.

76.(美)伊恩·莫里斯著;钱峰译.西方将主宰多久:东方为什么会落后,西方为什么能崛起[M].北京:中信出版社,2014.05.

77.(美)迈克斯·泰格马克;汪婕舒译.穿越平行宇宙[M].杭州:浙江人民出版社,2017.06.

78.(英)理查德·福提;胡洲译.生命简史[M].北京:中央编译出版社,2009.11.

79.张磊.价值[M].杭州:浙江教育出版社,2020.06.

图书在版编目（CIP）数据

产业互联网时代 ： 新技术如何赋能企业数字化转型 / 颜艳春著. -- 北京 ： 中国友谊出版公司, 2021.10（2021.12重印）
ISBN 978-7-5057-5272-6

Ⅰ. ①产… Ⅱ. ①颜… Ⅲ. ①数字技术－应用－企业管理－研究 Ⅳ. ①F272.7

中国版本图书馆CIP数据核字(2021)第140105号

书名 产业互联网时代：新技术如何赋能企业数字化转型
作者 颜艳春
出版 中国友谊出版公司
策划 杭州蓝狮子文化创意股份有限公司
发行 杭州飞阅图书有限公司
经销 新华书店
制版 杭州真凯文化艺术有限公司
印刷 杭州钱江彩色印务有限公司
规格 710×1000毫米 16开
15印张 161千字
版次 2021年10月第1版
印次 2021年12月第2次印刷
书号 ISBN 978-7-5057-5272-6
定价 58.00元
地址 北京市朝阳区西坝河南里17号楼
邮编 100028
电话 （010）64678009